升维即生存

即

生存

突破认知带宽的核心法则

喻国明◎著

人民邮电出版社

北 京

图书在版编目（CIP）数据

升维即生存 ：突破认知带宽的核心法则 / 喻国明著.

北京 ：人民邮电出版社，2025. -- ISBN 978-7-115
-66999-5

Ⅰ．G206

中国国家版本馆 CIP 数据核字第 2025SF1925 号

内 容 提 要

作为一门新兴学科，认知传播学正凭借其出色的解释能力和可操作性获得社会各界的广泛关注。本书从廓清认知传播学的缘起、研究范围、研究方法、研究工具等入手，快速帮助读者搭建关于该学科的知识框架。

通过将认知视为脑内传播现象，认知传播学将传播学逻辑扩展到了个人心智层面。从本质上讲，一个人的认知并不单纯取决于他自身，而是各方面因素综合建构的结果。显然，生成式 AI 等技术的发展将会产生两方面的结果：一方面，由于认知带宽的有限性，各种媒介为了达到自身目的，将为争夺个体认知展开激烈竞争；另一方面，在技术的加持下，个体拥有了提升自身认知带宽的自主权力。

本书从理论层面阐释了数字文明时代的传播研究趋势，并详细分析了认知竞争的底层逻辑和相关策略，无论是对于传播学专业学者、营销人员，还是对于普通个体，都有较高的指导意义。

◆ 著　　　　喻国明

　责任编辑　武恩玉

　责任印制　彭志环

◆ 人民邮电出版社出版发行　　　北京市丰台区成寿寺路 11 号

　邮编　100164　电子邮件　315@ptpress.com.cn

　网址　https://www.ptpress.com.cn

　三河市中晟雅豪印务有限公司印刷

◆ 开本：700×1000　1/16

　印张：14.75　　　　　　　　　　2025 年 7 月第 1 版

　字数：231 千字　　　　　　　　2025 年 7 月河北第 1 次印刷

定价：59.80 元

读者服务热线：(010)81055296　印装质量热线：(010)81055316
反盗版热线：(010)81055315

目 录

第一部分 认知升维

第一章

升维：懂认知才懂传播的新时代

第二章

规则维度：从信息竞争到认知竞争

第三章

逻辑维度：从认知带宽到价值带宽

第四章

策略维度：抢占更多的认知资源

第五章

受众维度：从信息接收者到信息创造者

第六章

实践维度：东方甄选的认知竞争策略

第七章

运行维度：认知竞争的三个层次

第二部分　传播升维

第八章

媒介观维度：从生产立场到消费立场

第九章

工具维度：作为媒介之媒介的话题标签

第十章

体验维度：游戏是拓展认知带宽的新媒介

第十一章

智能维度：变革认知带宽的生成式 AI

第十二章

作用维度：关于互联网赋权的一项实证研究

第十三章

副作用维度：日益加深的认知沟

认知传播学：探究人类心智和行为的新科学

传播学自诞生以来就是一门多学科交叉发展的研究领域，是一个由心理学、社会学、人类学以及政治学等各种学科流派相互竞合增长、渗透融合所建立起来的知识系统。近几十年来，传播学研究结合了人类大脑的"认知转向"和交流环境的"场景化"考量，同时立足于认知科学和传播学两大学科体系，融合发展成为认知传播学，使其成为一种新的范式路径。在发展过程中，认知传播学借鉴了心理学研究的先进技术手段，以人类的"认知"和"传播"这两大本能行为作为研究重点，融合了传播学的社会实践经验优势以及认知科学的实证研究支撑，从两个学科的耦合之处探究人们的内在心智活动以及外在行为效应，这不仅突破了传统传播学研究方法、研究范式匮乏的困境，还为解决多元多重多向的新媒介环境下的传播问题提供了新的阐释角度，最终致力于实现传播路径的优化。

第一节

重新定义认知：当传播学遇上脑科学

认知传播是在超越经验范畴的前提之下探索人们对外界信息的接受、合成、加工、提取等过程中的大脑活动、心理资源或者行为表征。虽然人们对某一事物的判断、决策有时在一瞬间即可完成，但人脑所具备的这种复杂的瞬时运算能力却是经过了漫长的演化过程而获得的。从认知类型上看，认知科学包含了信仰体系、意识、发展、情感、学习、行为、互动、语言、记忆、技巧、感知及思想十二项要素。从认知过程上看，可以将其划分为两个阶段：个体内部的感知以及对外界的延展性认识。

一、内部关系：以人内传播为主要导向的内部感知是其他传播方式的基础与前提

人内传播指的是在接受外界信息时自身内部所进行的感知加工过程，期间也伴随着外在行为表现。其中，感知是传播过程的第一阶段，指的是人们使用视觉、听觉、嗅觉、触觉及味觉等感官通道系统来认知外部世界的过程，即外界信息首先会引起人体感官的注意，接着进一步被知觉系统加工，然后将受到个体的动机、情绪及经验等要素的影响。换言之，任何内容都要先通过感官系统的预加工才能转换为大脑进一步加工的信号，因此这一人内传播的过程既是其他传播活动发生的基础和前提条件，也是提升传播效果的关键节点。例如，在海量化的信息环境中，人的注意力成为一种稀缺资源，可以说注意系统决定着传播内容的到达性，也影响着人们对信息的接收与理解，而人体内部的感官通道系统是决定信息能否被触达的重要前提。已有研究证实，人的视觉系统将优先加工明亮、色彩鲜艳且处于运动状态的物体；文本的左侧内容将优先被看到，且视觉在其上停留的时间会更长。听觉系统是仅次于视觉系统的感官通道，人们能够为声音添加不同的属性标签，从而形成不同的品牌印象。还有研究发现，Siri，Cortana等虚拟语音助手的性别会影响人们对其的接受程度，声音拟人化程度越高，人们的使用意愿就越强，用户体验也就越好。

概言之，人们对信息的加工处理在某种程度上也是一种人内传播，这一内省式的感知是人际传播、群体传播及大众传播的基础与前提，并且伴随着传播活动的全过程。认知科学在传播学领域的一个重要作用就是进一步解析人内传播过程中的心智动态，并在此基础上拓宽传播学的研究领域。

二、外部关系：情境交互是个体外界的延展性认识的动力机制

发生认识论认为，人的心智发展是"大脑—身体—环境"三者耦合的产物，认知传播的研究成果不仅仅揭示了人脑内部对信息的加工过程及情绪偏向，同时也为探索"智能实体与周围环境相互作用的原理"提供了新的切入点。换言之，

人类大脑的心智构建不仅仅控制着个体的注意、情绪及记忆等，也在与外界的交互过程中反向推动着内部系统的发展，即当外界信息处于一定的情境中时，我们更容易对其进行识别，这强调的是认知系统与环境之间的耦合关系。在技术迅速发展的当下，媒介已然建构了人们的日常交流语境，正如媒介环境学派的观点所认为的："就像鱼活在水中并没有意识到水的存在一样，媒介已经构成了我们的环境。"戈夫曼也进一步从"媒介情境论"视角将传播学研究拓宽至人、媒介与环境之间的互动机制。

再进一步看看媒介化的环境表征如何影响并延展个体认知实践的机制。已有研究通过脑电实验和行为研究发现，媒介使用情境会显著影响用户体验；短视频传播及网络评论、弹幕行为的背后蕴含着多种情绪共现表征并遵循着"情境—认知情感单元—行为"的路径。可以发现，这个阶段的研究者已经将个体的注意、记忆、知觉等内部感知要素与外部情境相结合，从内外多个维度深入探索多变量之间的作用关系，从静态的、局部的表征转向认知动力学的分析。如果说个体感知是人内传播的体现，那么人们对外界的延展性认识则进一步拓展到了人际传播、群体传播甚至大众传播的范畴。基于此，在深度媒介化社会当中，传播实践如何构建客观环境，从而为社会主体提供新的情景交互，成了认知科学对传播研究所施加的第二个层面的影响。

第二节

认知场：塑造认知的四大核心要素

认知传播学的研究横跨心理学、社会学及人类学等领域，其研究议题和层次结合了社会现象和人们的心理机制，超越了脑区定位等生理学层面的探讨，侧重于将大脑概念化为一个同时参与多个任务的动态系统，从神经基础层面阐释媒介生理表征，也为社会现象产生的深层动因和传播做出理论上的贡献。从认知传播学的应用范围上看，其研究有四项基本议题，分别是：传播渠道研究、传播内容研究、传播对象研究及传播者研究。

一、传播渠道研究：媒介介质差异对认知方式的塑造作用

在步入互联网社会之前，传播渠道包括语言、符号及实体化的载体，这些介质以象征的形式储存在人脑中，但是随着技术的发展，媒介形态日新月异，其以一种"浸透"的方式存在于人们生活的方方面面。正如麦克卢汉（McLuhan）所言"媒介即信息"，这表明了媒介以一种独特的形态作用于人的认知方式，并且不同的传播渠道会为信息打上不同性质的标签。

（一）物理媒介对用户认知的影响

目前有传播学研究者通过实验模拟传播环境，以探究不同的传播渠道与传播效果之间的关系。例如，有研究从神经层面探索了用户使用手机和报纸这两种媒介过程中的认知机制差异，结果发现手机媒介产生了更佳的记忆效果。之所以出现这种情况，一部分原因是数字化进程下，人们的长时记忆效果会随着传播媒介的变化而变化，即一种媒介在经过长期使用后，不仅能决定传播的内容特征，也会影响人们的信息处理模式。

除了单媒体之外，多媒体信息的加工机制也受到了众多学者的关注。媒介丰富理论（Media Richness Theory）认为，媒介渠道的差异会导致信息传递能力的不同。其中，"富媒体"可以同时传递多条线索，包括语言信息和非语言信息，但是这也可能导致用户注意资源和记忆资源的认知负荷。人的认知系统是一种有限容量的处理器，当信息以多种形式存在时，用户将同时使用多通道感知处理，这就可能导致某一通道的过载。除此之外，多媒体化的传播渠道也意味着用户的多任务处理的行为。发表在 *Nature* 上的一篇实证研究通过脑电、眼动及问卷测量等方式发现，当用户频繁地在多个任务之间切换时，他们的注意力分散水平就会升高，而注意力降低对记忆行为和神经信号有着直接影响，因此将进一步导致更差的记忆效果。

（二）游戏媒介对用户认知的影响

传统意义上的物理媒介已然无法适应当下日新月异的媒介环境，在数字空间中，游戏愈发成了一种统领线上网络的未来媒介。虽然在当下生活中无法用游戏解释一切，但是游戏范式有利于帮助研究者理解用户的传播需求、把握用户的行为模式。因此，游戏作为一种未来式的媒介渠道，成了研究用户认知的良好载体，其不仅涉及用户的注意资源分配、工作记忆等基础心理表征，还包括了逻辑推理及行为决策等一系列更复杂的认知功能。大多数人对游戏存在刻板印象，认为长期玩游戏会减少用户亲社会行为，并干扰其认知和情绪。然而，近年来越来越多的研究从神经和行为两个方面为"污名化"的游戏平反。例如，已有基于脑电和行为结果的研究证明，和不玩游戏的人相比，专业玩家具有更强的注意资源分配能力，并且具备显著的注意抑制优势。

除了普通游戏之外，研究还发现，暴力游戏和个体攻击性行为之间并不是绝对相关。巴维利尔（Bavelier）等人让被试连续两个月参与暴力游戏与非暴力游戏，结果发现不管被试是玩暴力游戏还是非暴力游戏，他们的攻击性行为、性别歧视态度、移情和人际关系能力、心理健康等方面均没有显著差异。还有一项研究利用事件相关电位（Event-Related Potentials，ERPs）技术，从个体差异的角度入手，发现和非游戏玩家相比，一些游戏玩家对暴力内容具有选择性注意偏向，这导致了他们对暴力内容的脱敏，而这个因素与攻击性之间存在紧密关联。这两项研究证明，经常玩暴力游戏的用户不一定就具备强攻击性，还与个体差异相关。

由此可见，游戏之间具有相当大的形态差别，用户个体差异也在游戏效果中扮演着重要作用，笼统地断言游戏对用户情绪及认知的负面影响并不恰当。目前在传播学领域内关于游戏对用户认知的塑造作用仍然处于初期阶段，还有不少待解决的问题和探索空间，鉴于游戏在当下环境中将起着越来越重要的作用，未来研究需要进一步揭示游戏作为一种新的信息分发渠道对大脑认知、重塑的神经机制。

二、传播对象研究：基于个体的信息传播的神经机制

基于个体或群体差异的信息加工神经机制一直是传播学研究的重要课题，过去的研究大多采用自我报告式量表来测量，在可靠性和准确性方面受到了限制，而认知科学的手段可以为研究信息加工过程的瞬时效果提供便利条件，不同人格、内隐认知以及不同性别的个体在不同的语境下使用媒介时都将在脑电信号和行为方面呈现差异。

（一）基于人格差异的信息传播的神经机制

在认知传播学领域，探讨个体差异对信息传播的影响还需要考虑人格因素，人格指的是人们在不同场景下思维、感知及行为的方式。长期以来，人格心理学家一直主张稳定的人格特质在个人的行为决策中发挥的作用，但是社会心理学家则更推崇情境和环境要素的重要性。经过长期研究的发展，当下学界已达成共识，即行为是由个人的人格特征和环境因素的相互作用所驱动的。神经学层面也已经证实，人格的独特性与稳定性在一定程度上决定了大脑的结构与功能，并且与大脑的功能连接存在区域相关关系。因此，将人格的结构与起源纳入传播现象的考量，可以更好地预测个体行为倾向。例如，王（Wang）等人通过调查发现，大五人格、自恋、自尊与社交媒体使用行为之间存在相关关系。其中，外向型人格的用户更倾向使用社交媒体的交流功能，包括状态更新、评论和添加朋友；而神经质人格的用户则倾向于将状态更新作为自我表达的一种方式；宜人型人格和自尊心强的用户更倾向于评论他人资料；开放型人格的用户则喜欢玩在线游戏；自恋的用户经常在社交媒体上传他们有吸引力的自拍照片，通过频繁更新状态来展示自我。

（二）基于内隐认知差异的信息传播的神经机制

与人格特质相似，个体内隐认知也是由家庭环境、教育背景或生活经验共同塑造的思维、感知方式。不过，不同的是，人格特质可以通过外在的自我报告式量表来测量，而内隐认知只能进行间接测量，即让被试完成相应的实验范式，通过正确率和反应时来判断被试对某一对象的内隐认知处于积极状态还是

消极状态。

在现实生活中，一些社会属性或者概念可以改变大脑皮层处理信息表征的结构，反映人们的感知偏见，而这部分所涉及的就是个体内隐认知层面的信息加工。内隐社会认知理论是由美国心理学家格林沃尔德（Greenwald）于1995年提出的一个理论。该理论的核心是，人们在认知过程中虽然不能准确回忆起过去的某一经验或者事实，但是这一经验或者事实仍然对他们的判断或者行为决策有潜在的影响，这种内隐意识主要基于经验积累的、大脑内部深层的复杂社会认知，是一种自动化的情感反应，不需要调动认知资源。例如，群体种族与社会身份等因素在人们的概念知识加工过程中存在印象关联，这种关联由大脑的眶额叶和梭状回引发。在很多情况下，人们虽然公开支持某个种族或者社会身份的群体，但是在内隐认知层面却对他们存在负面偏见。这种隐形的负面偏见可以通过内隐联想测验（Implicit Association Test，IAT）、评价启动任务（Evaluative Priming Task，EPT）、情感错误归因程序（Affect Misattribution Procedure，AMP）来间接测量，它们可以在用户自我报告没有外显偏见时测量出他们内隐意识中的隐形偏见，测量的范围包括了内隐态度、内隐刻板印象及内隐自尊等方面。

（三）基于性别差异的信息传播的神经机制

近年来已有研究发现，信息传播所带来的情绪和认知差异在性别上表现明显，例如女性更容易对悲伤信息产生强烈的情绪反应，而男性则更容易受到愤怒信息的影响，因为被诱导进入愤怒情绪的女性更常选择非情绪集中的加工方式，而男性更有可能采取情绪集中的加工方式，从而更关注他们的愤怒情绪。此外，人们对信息传播主体的性别识别具有自动化的特征，即不管男性还是女性都可以在没有注意参与的情况下自动完成性别识别任务，这种识别主要是通过声音、面孔及嗅觉信息自动进行。另外，相比于以男性声音传播的信息，男性对以女性声音传播的信息的加工速度更快，即男生往往会对女性声音分配更多的注意，这种"异性偏好"可能与人类繁衍的本能息息相关，已有ERPs实验证明异性声音将诱发大脑的晚电位期（Late Potentials，LP）的积极性反应，这是一个与接受奖励相关的脑区。

三、传播内容研究：不同内容形式的叙事效果所带来的认知影响

内容表达方式、第一或第三人称的内容叙事角度、不同情感属性的内容呈现所引起的受众反应也是认知传播学研究中的一个重要面向。

（一）基于内容表达方式的差异：视觉型内容和听觉型内容

根据感官通道的不同，内容表达方式可以分为视觉型内容和听觉型内容，相对应地，用户对于内容的理解也就包括了基于视觉的"文本阅读理解"和基于听觉信息的"语言理解"。

首先，"文本阅读理解"需要用户综合运用逻辑推理、认知整合等资源对内容进行语义加工。激活扩散模型（Spreading Activation）成为语言心理学家解释用户的文本加工过程的重要理论。该模型认为，人们在加工文本信息的过程中会通过其内在规律和外部联系将不同的概念整合在一起，这个过程包括了局部加工、全脑记忆结构和加工、语义匹配三个阶段。各概念之间都可以通过相同点形成联系，这种相同点的数量越多，两个概念的联系就越紧密，回忆时就更容易被激活。该模型在一定程度上解释了人类是如何将对外界的理解通过各种网络模型整合进认知系统的。这给传播学带来的启示是，传播者应善于将不同的概念置于一个网络中并形成语义联系，激活用户对相关概念的既有经验，从而形成更持久的、相互关联的记忆。

其次，基于听觉信息的"语言理解"涉及大脑颞叶和额叶对信息的处理过程，近年来，音乐作为一种能直接诱发用户情绪的听觉信息成为学界的关注重点之一。音乐本身具备的伴随性、渗透性的特征可以与不同的内容和场景相结合，具有广泛的探索空间，而在音乐的传播过程中，其所诱发的人体生理反应还可以直接影响人的行为决策，例如音高、节奏或者曲速等要素会直接激活前额叶。前额叶这一关键脑区不仅负责音乐信息的处理，也与人类行为决策功能相关。除此之外，还有研究证实，音乐所表达的情绪与听众被诱发的情绪之间存在一致性，这就意味着音乐传播所带来的情感体验可以促进公众共情，从而有可能在社会情绪分裂的情况下推动"社会合意"的产生。

由此可见，音乐不仅仅是一种娱乐手段，更是一种关键的传播要素，但是目前传播学领域尚未建立系统的关于音乐认知的范式。特别是在技术快速发展的背景下，人工智能音乐成了一种独特现象，这种新的传播形式能给社会带来什么样的功能价值或许是未来需要深入研究的议题。

（二）基于内容叙事角度的差异：个人叙事内容和描述性叙事内容

不同的内容叙事角度也会引起受众不同水平的参与度。在认知神经科学中，"参与（engagement）"一词指的是一种注意倾向，通常与大脑加工过程相关，即传播内容与受众之间的内在联系可以促进其更高程度的生理或者情绪唤醒。例如，一篇发表在 PNAS 上的文章指出，内容叙事中多使用"你"字来指代具有社会影响的人，可以让读者与特定含义产生认知关联，从而进一步吸引读者，并增加他们的共鸣联系。

人们的这种偏好反应也得到了神经层面的支持，根据分层记忆框架（hierarchical process memory framework），每个大脑区域都被视为信息整合系统的一部分，但每个大脑区域都有优先处理某些信息的倾向，例如较低级别的听觉信息可以在瞬间加工完成，但是内容的叙事结构则被视为一种高层次、高抽象化的信息单元，只有同时结合个体的社会认知和语义系统才能处理和理解叙事内容。在一项神经影像学研究中，格拉尔（Grall）等人比较了个人叙事（第一人称叙事）和描述性叙事（无人称叙事）对人类大脑的作用，结果发现，个人叙述的文本内容引起了被试更高水平的参与。这一点体现于被试额叶和顶叶之间的强相关性，意味着个人叙事内容可以激活被试特定的大脑区域，从而被更快、更准确地加工和理解。这一研究从神经生物学的角度阐释了如何利用内容叙事角度来促进信息的传播。

（三）基于内容属性的差异：情感化内容和理性化内容

不同情感属性的内容呈现也会带来不同的认知效果。早在 2016 年，《牛津词典》就将"后真相"作为年度词汇，该词针对的就是"情绪先行，真相靠后"的非理性传播生态。在当下，以情绪、情感为主要导向的内容成为传播的一个重要面向。

情绪是一种普遍而又因人而异的主观体验，大脑的前额叶皮层、杏仁体、海马体及前部扣带回等区域都与情绪有着直接关联，例如，已有研究通过功能性磁共振成像（functional Magnetic Resonance Imaging，fMRI）实验发现，当用户阅读情绪性内容时，相关信息主要由左侧前额叶进行加工。

基于情绪化文本的神经学启示，传播学领域学者通过脑电实验进一步对其传播效果进行探析，发现相较于理性化表达方式，情绪化文本更容易引起受众的阅读兴趣，但这同时也会阻碍他们对于内容和事实本身的深入思考，使人们难以区分哪些信息是中立的，哪些是威胁性的。此外，布莱迪（Brady）等人通过注意瞬脱实验范式发现，相较于中性化的词汇，被试对情绪和道德内容的注意瞬脱效应减弱了。这意味着，在有限的认知条件下，被试对情绪和道德内容的识别有更快的反应速度和更高的正确率，说明情绪和道德内容比中性化内容更容易捕获用户注意，在加工过程中拥有更高的优先级，这在一定程度上解释了情绪和道德内容是如何捕获注意的。

四、传播者研究：认知科学在社会信任建构与营销效果中的应用

传播者的形象及传播手段在很大程度上影响着传播者与受众之间的关系，从而进一步影响了传播效果。对于传播者的研究不仅仅包括了以个体和机器为传播主体的信息分发，还包括了以企业、组织为传播主体的广告营销效果的测量。

（一）以个体为传播主体：以"关系"为主要面向的信任机制探索

社会信任渗透于一切传播活动中，被称为"社会的润滑剂"，其既是个体 /群体交往的前提，更是社会稳定运行的基石。近年来，信任研究不但是传播学的重要议题，而且心理学、神经元经济学及神经生物学等学科也都在探索"信任"在大脑神经路径中的功能表现。与感觉、知觉和注意等初级心理过程不同，信任激活的脑区更加广泛且复杂，可以说信任是一种人类的高级心理过程。有研究利用 fMRI 技术检测了被试大脑的血红蛋白的流量变化，他们发现，在信任决策过程中被试大脑的神经中枢的一个区域被显著激活，这为信任的生成机制提供了脑

神经基础的解释。

在认知传播学的研究中，信任主体既包括人，也涵盖了机器。首先，对于前者来说，过去的研究主要集中于传播者的信誉、专业权威性等特征的影响，但是近年来的研究逐渐转向"关系"层面的信任机制探索。例如，已有研究从强弱关系的维度将传播者与受众的关系划分为三个层次：关系较弱的陌生人—关系一般的意见领袖—关系较强的朋友，并以此探究受众的决策意愿。在 ERPs 实验结果中，被试的晚积极电位（Late Positive Potential，LPP）成分被成功唤起。LPP 振幅从大到小的顺序是意见领袖—朋友—陌生人，这表明被试对意见领袖的信息消耗了更多的情绪资源。然而，影响最终决策意愿的顺序却是：朋友—意见领袖—陌生人，与脑电实验的结果不一致，这种结果说明情感资源在决策过程中只起到一定的作用，对于决策影响最大的还是关系亲密度。

（二）以机器为传播者：社会信任范围的延伸

随着基于人工智能技术的虚拟人、机器不断涌现，它们也被视为传播主体，成了认知传播学的重要研究问题。人类与人工智能之间的互动大部分都是围绕着信任议题进行的，信任是二者的合作过程中的重要变量。学者探究了基于人工智能生成的合成语音与真人语音的不同传播效应，结果发现，真人语音比合成语音在情绪唤起和创造性思维激活上更具优势。格拉夫（Graefe）等人在探索受众对机器生成新闻的看法时发现，受众对机器的信任程度要高于对真人记者的信任程度。除此之外，虚拟形象的拟人化程度也会对受众产生影响，格拉夫等人通过 fMRI 来测量被试全脑的血氧水平，结果发现，那些被设计得更真实、更人性化、更接近于他们所代表的真实人物的动画角色将促使受众产生更积极的自我评价。

在理论层面，霍夫（Hoff）等人将人与机器之间的信任划分为三种类型：倾向性信任、情景性信任和习得信任。其中，倾向性信任指的是一个人对机器的总体信任倾向，这是一种长期的刻板成见所形成的看法；情境性信任则与外部环境和个人的内在感知相关，这是一种根据不同的场景而改变的信任倾向；习得信任意为受众从过去的经验或当前的互动实践中得出的对机器的评价，直接受到受众既有知识和人工智能系统性能的影响。最后，研究者提出，为了增强人与机器之间的信任，应该考虑增强人工智能系统的拟人化程度、透明度、友善度和易用性等方面。

（三）以企业／组织为传播者：认知科学在营销效果中的应用

除了个体传播者之外，对以企业或者组织为传播主体的广告、营销效果的测量也一直是传播学当中的重要议题，而认知科学则为研究者探究广告、营销信息的接受程度及持续使用意愿提供了重要测量工具。已有研究通过眼动仪来测量被试在关注产品页面时的注视轨迹，被试被要求观看 5 个不同品牌的产品页面，结果显示，尽管产品的详情页非常重要，但是被试也花了相当长的时间浏览评论信息，这表明产品评论会对被试的购买决策发挥重要作用。还有研究探索了广告信息质量和消息来源的专业性如何影响受众认知，结果发现，受众在接受广告营销信息的过程中会采用两种认知路径处理信息——中心路径和边缘路径。当广告营销信息与受众相关时，受众主要采用中心路径加工，这时信息质量将对受众态度产生影响；当广告营销信息与受众的相关度较低时，受众则采用边缘路径加工，这时信息来源的专业性更有助于改变受众态度。

第三节

认知测量：那些揭示脑中秘密的黑科技

一、脑电：以毫秒级的时间精度测量瞬时效果

脑电测量主要是通过毫秒级别的时间精度来测量大脑皮层的神经活动，其包含了技术基础脑电图（Electroen Cephalogram，EEG）和事件相关电位（Event-Related Potentials，ERPs）两种信号记录方式。技术基础脑电图指的是在没有特定刺激或者任务状态下的大脑皮层活动。研究人员还会通过记录对应脑区的电位

变化来测量外界特定刺激作用于被试感知系统的过程。脑电工具主要通过分析和比较以时间为单位的各个成分的波幅和潜伏期状态，来推导相应的认知加工过程。例如，已有研究发现，emoji 可以作为情感启动的符号，当 emoji 与后续的文本语义不一致时，会引发更负的 N400 波幅，而 N170 波幅则是作为面孔识别的重要成分，其波幅会受到"性别面孔一致性"的影响。未来的认知传播学还可以利用脑电工具来测量受众对相关议题加工等的瞬时效果，如社会认知、态度、信任等议题。

二、功能性磁共振成像（fMRI）：以毫米级的空间分辨率记录神经活动

脑电工具虽然具有较高的时间精度的优势，但是在脑区的空间定位上却不如 fMRI 精准。相应地，fMRI 技术虽然拥有较高的空间分辨率，但在时间分辨率层面却效果不佳。fMRI 的工作原理是，当个体参与某项认知活动时，大脑相应区域的含氧血红蛋白会引起磁共振信号的变化，因此通过对比某脑区的含氧血红蛋白状态的前后变化，就可以搞清楚认知任务是否激活了该脑区的功能。对于传播学领域的研究者来说，要掌握 fMRI 技术，需要了解大脑的基本结构及处理网络，包括语言处理、执行控制、分心抑制、情绪控制、社会认知及记忆等神经网络的功能结构。该技术可以为传播研究提供一定的指导。

韦伯（Weber）等人总结了未来传播学研究可以运用 fMRI 技术的三个方面。一是预测行为。有研究在测量说服信息的有效性时，结合了被试自我报告的数据以及 fMRI 扫描结果，最后发现，运用神经数据的模型可以将用户行为的预测准确性提高 20% 以上。二是作为一种"读心术"手段，研究人员可以借此更好地了解大脑内部各个模块的加工过程。通过 fMRI 技术研究受众在看电影、打游戏过程中的大脑反应，对于理解人类神经运作机制处理信息加工的丰富性、复杂性和动态性至关重要。fMRI 研究的快速崛起得益于两种关键方法：主体间关联（Intersubject Correlations，ISCs）和多体素模式分析（Multi-Voxel Pattern Analysis，MVPA）。这两种解码方法已被成功用于探索大脑被激活过程中的内

部和外部状态，因此经常被称为"读心术"。第三则是可以通过衡量心流体验来探知大脑内部的同步化。心流体验指的是人们处于一种高度集中的状态中，这种状态是没有自我意识参与的，也感受不到时间的流逝。因此，心流体验是无法通过自我报告的方式来测量的，而 fMRI 可以通过监测注意力（视觉皮层）、奖励（丘脑）、错误监测（前扣带皮层）和运动刺激（体感和前运动皮层）等相关大脑区域的神经激活来精准衡量用户的心流状态。

三、功能性近红外光谱技术（fNIRS）：探究多主体间的认知相关性

功能性近红外光谱技术（functional near – infrared spectroscopy，fNIRS）是一种以光学为主要手段的、非侵入性的神经成像技术，通过近红外光的衰减量来推知相关脑区的活动强度。fNIRS 虽然在时间精度和空间分辨率层面不如脑电工具和 fMRI，但是它同时结合了二者的优势，既弥补了脑电工具空间分辨率的缺陷，又解决了 fMRI 在时间精度上的不足，从而有助于研究者从其他角度深入理解脑部活动情况。除此之外，fNIRS 还具有一些独特的优势。首先，在使用其他生理监测手段的实验过程中，被试的大幅度动作受到了很大限制，而 fNIRS 具有很强的便携性并且允许被试运动。研究者利用这种优势可以探究在自然环境状态下被试的行为，这在一定程度上扩大了认知传播学的研究议题。其次，通过超扫描范式，fNIRS 可以进一步监测多主体之间的脑同步性和叙事参与状态，即对多个被试的大脑进行状态扫描，并记录数据。例如，已有研究让 19 对健康成年人分别就两个有争议的话题进行现场讨论，结果发现，在双方达成一致意见时，被试负责注意的神经网络活动增加，被激活的脑区范围包括右外侧回、双侧额叶眼区和左额叶区，脑区协作状态也比存在意见分歧时更加同步。基于此，认知传播学研究可以继续拓宽研究的面向，即从人内传播层面的认知功能研究拓展到人际 / 群体传播层面的探索，观察不同场景、议题之下多主体间大脑反应的异性与共性，这有助于理解媒介与不同主体间的神经同步的关系。

四、眼动仪（eye-tracking）：通过视线轨迹衡量注意偏向

眼动技术已经成为研究认知学和基础神经科学的重要手段之一，主要用于研究个体在注视某个对象时眼球注视焦点及运动轨迹，是衡量传播效果的重要手段。该技术以兴趣区（Area of Interest，AOI）为主要分析单位，通过测量个体的眼跳、注视次数、注视时长、瞳孔直径等指标，间接推测出被试的内部注意加工过程。例如，已有研究让被试通过阅读、视觉搜索及场景观看这三个任务，来比较眼动特征与工作记忆之间的联系，其结果显示，个体记忆容量越小，其眼跳幅度越小，间接反映出被试注意力不集中、信息加工效率低等特征。眼动特征与认知能力之间存在密切联系，这也是衡量消费者注意力效果的重要工具。广告营销领域已经出现了一系列诸如此类的研究，这些研究方法与传播学语境进一步结合，便能对广告和营销效果的探测产生带动作用。

五、多导生理记录仪：通过皮肤微电流测量情绪唤醒

多导生理记录仪主要通过记录包括肤电（GSR）、肌电（EMG）、心电（ECG）、皮电（EDA）等人体皮肤微电流数据来监测用户的认知与情绪唤醒，其工作原理是将各种生理信号通过电极点或者换能器转换为电信号，再通过放大器、滤波器，最终将这些信号以可视化的形式在电脑屏幕上呈现。其在心理学的主要应用领域包括失眠、儿童注意力缺陷、焦虑状态、自闭症和抑郁症等，而在认知传播学中，多导生理记录仪也有了一系列的应用。例如，丁（Ding）等人通过心电等指标对比了被试在观看 2D 电影和 VR 电影过程中的体验感差别，结果发现 VR 电影诱发了被试更强烈的情感体验和生理反应，产生了更强在场感。还有研究发现，不同的媒介呈现会给人们带来不同的情绪体验。相较于电脑屏幕，当人们在手机上观看犯罪视频时，他们的注意力会更集中，生理唤醒度也更高。以上研究说明，作为人体延伸的媒介正在改变我们感知距离的方式，在某种程度上，我们在电子设备上体验到的"亲近感"弥补了信息的地理距离的隔阂。未来研究还可以进一步探索不同介质的媒介如何影响人们处理信息的方式和外在行

为，进而找出最佳的媒介组合方式。

·结语·

认知科学与传播学的结合并不是一蹴而就的，而是经过了传统行为主义研究的困境、媒介理论与技术方法之间的分离之后才逐步建立起来的学科体系。当下的认知传播学研究在一定程度上摒弃了简单化的"刺激—反应"逻辑，从更深层、本质的角度探索心智与现实之间的映射关系，利用心理和生理的测量工具来构建人脑加工信息的框架。不过，与此同时，对于神经学及心理学等学科来说，认知传播学在工具/手段的应用及对人脑加工机制的探索上依然是浅层的。在此背景下，认知传播学需要区分对待交叉领域的研究方法与结论，既需要从大量的神经科学研究成果中汲取最有价值的范式来建构本学科的研究，又需要尽量避免一味重复认知科学等领域的已有研究。

第一部分
认知升维

第一章

升维：懂认知才懂传播的新时代

新目标：从争夺注意力到留下认知烙印

在数字技术通过关系连接、个体赋权机制对社会生态的革命性改变下，个体在未来传播中的能动性地位得到凸显，成了充满活跃性的要素，丰富和发展了传播的链条和环节。传播影响力强调传播对于个体的社会认知、社会判断、社会决策及相关的社会行为产生的影响，是未来传播价值的实现通道。相较于判断、决策、行为等可观测变量，认知主要涉及个体的微观心理要素，尚未得到充分发掘。对于认知及其内部机制的研究和挖掘，不仅有助于补充衡量传播影响力的尺度，而且对于如何实现未来传播"以人为本"的价值具有理论和实践层面的启示。

一、从注意力到影响力：传播价值产生的逻辑推演

传播的价值如何衡量？对于这一问题的探讨由来已久。1977 年，斯麦兹（Smythe）在《大众传播系统：西方马克思主义研究的盲点》一文中提出了"受众商品论"，认为大众传媒的内容是一种"免费午餐"，其主要产品其实是受众的注意力。麦克卢汉也曾经论述了传播与注意力的关系，他认为电视台是以好节目作为"诱饵"，其最终的目的是通过不动声色地租用公众的"眼睛"和"耳朵"来做生意。此外，高德哈伯（Goldhaber）认为，信息社会中，受众的注意力是一种有价值的资源。早期对注意力的关注为传播价值的产生提供了新的视角，即在信息过剩的背景下，对公众注意力的获取尤为重要，维系和把握公众的注意力是传播产生价值的源泉所在。不过，注意力侧重于信息对于公众的触达层次，无法解释传播生态中一些能吸引公众的注意力但却并未产生实际效益的特殊现象。也就是说，注意力并未解释传播的价值如何被创造和生成。在此基础上，

影响力的概念被提出和广泛探讨。传播影响力是由"吸引注意力（媒介及媒介内容的接触）＋引起合目的的变化（认知、情感、意志行为等的受动性改变）"两大基本部分构成的。这实际上包含了两个层面，即对公众注意力的获取和公众内在心理机制变化。因此，传播影响力的本质是，传播通过资讯触达和加工而对其受众的社会认知、社会判断、社会决策及相关的社会行为打上的"渠道烙印"。传播影响力强调公众不仅注意到了信息，还有意无意地受到信息中的内容的影响，进而产生了后续的行动。

由以上分析可以看出，传播影响力的相关观点均强调认知即信息处理的作用，并将接收者视为处理信息的代表，赋予其更加积极的角色作用。关于传播价值的探讨深深根植于媒介生态的变革之中，并受到社会整体信息环境的影响。在大众传播发展的早期阶段，社会整体的信息资源相对匮乏，公众获取信息和资源的渠道相对单一。在这一背景下，传播的作用范围固定且有限，且公众需要付出一定的成本才能够获得信息。随着技术发展带来了信息的爆炸式增长，公众的注意力成为一种稀缺资源，因此，此前公众对于有限传播渠道的竞争转变为传播对于公众注意力的争夺，吸引公众的关注成为传播价值产生的前提。不过，注意力并不代表传播价值的实现，传播需经过个体内部的信息加工过程才能最终产生影响。在此基础上，侧重于媒介效果层面的影响力概念，延展了关于传播价值实现的理论视角。概言之，注意力是前提和资源，但真正的效益及资源价值的实现则来自于影响力。注意力和影响力并非相互对立的两种不同层次的概念，二者共同构成了传播价值产生的内在逻辑：从信息触达到价值共振的全链条和全环节。

二、从抽象到具体：认知作为传播影响力的具体标识

当前，数字技术带来了媒介生态的进一步变革，很大程度上激活了传播过程中的微信息和微资源，社会整体的信息数量呈现指数级增长态势。此外，以人工智能、区块链、算法等核心技术构成的元宇宙环境对"人"这一主体进行了更深层次的赋权和解放，个体直觉、情感、意识等非理性要素兴起，形成对于信息解码的补充性机制，整体传播环境变得更为活跃和复杂，传播价值如何实现依然

是当下的重要议题。

　　未来传播若要实现信息触达基础上的情感共鸣和价值共振，离不开对于传播影响力的再探讨。实际上，传播影响力是概述传播价值的一个统领性概念，其测量仍需具体的、可操作化的要素进行补充。在个体成为传播的中心环节之后，个体成为一种能动性要素，作用于传播的诸多环节。将个体作为中心，从个体认知这一微观层面衡量传播影响力，实际上为我们提供了一个具有启发性的视角。认知是"人对各种社会刺激的综合加工过程，是人的社会动机系统和社会情感系统形成变化的基础"。从生理层面看，大脑是个体处理外部信息的唯一器官，所有信息都需要经过五感（听觉、视觉、嗅觉、味觉和触觉）的认知加工及通道才能进入个体大脑，进而促使个体产生价值判断。从结构层面看，个体认知具有特定的图式和结构，会根据内部已有的认知经历对外部信息进行调整和"选择性接受"，它体现了个体选择信息的主体性和能动性。从社会文化层面看，认知与社会环境相互影响、相互作用，集体认识与公共舆论则生长于个体认知的交互、扩散与流动之间。也就是说，社会合意的形成以个体认知的协同和聚合为基础。因此，认知区别于注意力，它涵盖了信息选择和加工的复杂机制，从结构和意义层面为影响力的实现提供了一个具体可感的衡量指标，是关于传播影响力的理论延展。

第二节

新趋势：影响传播的个体认知特点

　　若要深刻理解认知对于未来传播价值实现的可能路径，需从媒介生态的变革视角出发，审视当下的社会结构与个体行为逻辑的变化，进而搞清楚认知状态何以能够成为衡量未来传播影响力的基本尺度。

一、微粒化：在以个体为基本运作主体的社会构造中，传播需首先实现对于个体认知资源的占有

连接、整合与协同是当下媒介环境演变的内在机制。数字媒介通过连接与再连接实现对个体赋权与赋能的同时，也实现了对社会结构的"去组织化"。原先社会中具有明显层级与权力结构划分的科层制结构逐渐解体，个体逐步成为具有能动性的行为主体与社会基本构成要素。德国学者库克里克（Kukklick）提出了"微粒社会"这个概念，他认为在高度数字化的社会里，所有的人和事物都被数据精细地记录、分析和评价。在这个世界中，人是一个分散的存在，分散在很多事物、状态、感觉上。不只人的思想是分散的，在一定程度上人的整个存在也是分散的。这一分析暗含了数字化社会环境变革的深刻表征，即原有以"单位"为中心的社会运作逻辑发生了深刻改变，个体的行动能力得到前所未有的激活和放大，成为社会信息的生产者、传播者与获取者，甚至成为社会资源的直接操控者。遵循这一逻辑，整个社会进行着裂变式的演进，以个体为中心的能量在特定的时空范围内不断累积，并正重塑着整个社会的传播逻辑。数字技术"决定性地改变了社会的粒度，并迫使人类对自我和世界形成全新认知"。概言之，微粒化的个体以能动性增强、自由度扩张的新实践方式突破了时间与空间层面的限制，甚至能够在虚拟空间与现实空间中进行穿梭和转换，形成区别于传统传播时代的独特认知体验，进而实现在信息接受基础上的身体实践与价值观塑造。

传统分子级意义上的运作范式已无法应对这种原子级意义上的传播构造，传统传播模式在微粒化社会中已越来越难以适应个体认知基础上的信息传递。第一，传统传播模式中同质化信息内容无法满足当下微粒化个体的个性化、差异化信息需求，基于个体独特性认知体验的要素尚未被有效挖掘，这在一定程度上影响了传播内容对于个体的吸引力。第二，面对微粒化社会中海量的信息资源，个体的认知资源相对有限。社会信息过载与个体寻求理想化信息资源的矛盾可能使个体产生倦怠情绪，难以长期激发和调动自身认知能力来获取信息。第三，个体

认知具有能动性，对与自身融洽或冲突的信息会产生不同的接受策略，进而影响微粒化社会下理想的传播目标的实现。从整体上看，微粒化社会中的传播，面对着个体信息需求多元、认知能动性激活等多种现状，而个体认知资源的有限性意味着未来传播的首要目标应该是实现对于个体认知资源的占有。

二、圈层化：打通封闭性与开放性并存的圈层，传播需解决"以我为主"的认知关联性问题

圈层化是当下个体实现自身身份确认与行动参照的典型形态。从原始意义来看，圈层指因"关系"而生产的社会网结构，包括让"资源流动"的结构洞以及"流动限制"的闭合团体，其与宏观的网络、制度、文化等因素有密切联系，难以独立存在。互联网以其强大的连接属性，使得不同地位、不同身份的个体通过网络彼此相连，又在类似的兴趣条件下不断聚合，形成具有凝聚力的"圈子"。因此，当下的圈层多指社会成员通过互联网媒介平台集聚与互动、基于不同缘由所建立并维系的社会关系网络。区别于传统社会中基于血缘、亲缘形成的关系连接，当下的圈层更具有趣缘驱动的情感属性，圈层的本质是不同个体价值观的聚合。

圈层内部意见的生成包含着封闭性与开放性的两种特质，处于"私域"与"公域"的中间地带，在实现两个场域连接的过程中构建出动态的平衡。一方面，圈层内部具有强大的自主性和凝聚力，只有符合圈层内部价值观的个体才能进入其中。圈层通过凝聚个体合意而达成共识，其中的主流认知方式将逐渐实现全局性影响。当圈层以排他性的方式阻止多元意见进入时，圈层内部的观点就向着单一方向发展，甚至产生观点和价值观的极化现象，导致圈层的窄化和封闭化。概言之，圈层成了形成个体认知结构的一种制度性规范，能够筛选掉与该圈层认知结构有巨大差异的个体，在划定边界的同时形成壁垒。另一方面，当过度强调圈层的开放性时，多元意见的进入则使圈层内部形成差异化的认知表征，圈层独特性丧失导致其可能形成结构上的"突变"。在连接"私域"与"公域"过程中，圈层逐步形成了一种动态的平衡机制。因此，未来传播的"破圈"机制需匹配圈层及圈层内部个体的认知结构，解决个体"以我为主"的认知关联性问

题。"破圈"是未来传播中的关键议题，若无法解决上述问题，理想化的社会协同和社会共识就无法实现。

三、再组织化：传播需通过协同认知与塑造合意实现社会再组织化的理想目标

数字技术在对社会进行整体解构的过程中亦开启了个体激活下的社会再组织化。当技术赋权激活个体效能后，中心化社会开始产生"裂变"，并从过去的科层制社会的串联模式转变为扁平化的分布式社会的并联模式。社会结构具有流动性的特质，社会的再组织化是一个过程，是在技术、经济、文化等多种因素的影响下形成基于特定场域和语境下的结构。一方面，原有组织结构因不适应新的历史语境而经历解构、更新与改造。另一方面，社会中的个体或群体基于新的目标而产生了一些新的组织。因此，分布式社会的再组织化是在自组织和他组织的多元影响下的发展进程。其发展体现了新媒介组织的开放性特征及与社会环境的互动。

认知一定程度上可被视为社会再组织过程中的关键要素。作为一种信息加工的过程，认知影响着个体对于社会的基本看法，相同的外部环境作用于不同个体的认知，可能产生不同的效果。个体心理大体包括知、信、行三个过程，认知位于心理过程的初始环节。从这一角度来看，认知对于社会再组织化的作用主要包括两个方面。第一，认知是情感产生的基础。"满足认知冲动推动个体形成主观满意感"，良好的认知能够促使个体保持对于外部环境的积极情绪，进而产生对于特定个人或群体的认同，形成社会再组织化的情感基础。第二，认知是行为的先导，可以通过个体认知预测其在特定环境下的行为。对个体认知施加影响，将有助于推动个体产生相应行动，推动社会再组织化的实现。社会的再组织化是不同于分布式社会的全新社会结构，并从宏观层面影响着传播发展的历史方位。因此，社会再组织化的实现需要发挥传播对于个体认知的连接和整合作用，通过"穿针引线"式的功能进行认知的协同和合意的塑造，进而达成社会再组织化的理想目标。

第三节

新机制：基于个人认知结构的传播策略

对于个体认知的竞争首先需要厘清认知结构的作用机制。英尼斯（Innis）曾将媒介按照其特征分为偏时间的媒介和偏空间的媒介，论述了媒介形式对于社会文化的影响。在媒介—时间—空间相互作用的总体场中，媒介的传播偏向性，由其相对突出和显著的时空属性决定。当下，由数字技术构成的媒介形态已超越了时空偏倚的维度划分。媒介形态的多元化与连接的复杂化使得媒介既具有时间上的传承能力又具有空间上的拓展能力。此外，以情感要素为基础的关系向度亦拓展了数字时代的媒介偏向。若我们将媒介作用的视角从社会结构缩小至个体认知结构，那么，媒介的时空属性、关系属性与个体认知在历时性、共时性、关系型层面的耦合，将使得传播通过作用于个体认知结构发挥出叠加效果，进而强化信息触达基础上的传媒影响力。

一、时间向度：认知图式视角下未来传播与认知的纵向延展

认知包括对于信息接受的时间性延展过程。心理学家巴特利特（Bartlett）曾提出认知图式的概念（Cognitive Scheme），他认为图式是对过去的反应或经验的积极的组合：个体必须学会如何把"图式"（scheme）拆解成"要素"（element），并适用于自己的图式，即认知图式会根据个体先前经验对于新信息进行适配和接收。此外，心理学家皮亚杰认为，认知的形成是主体对内部进行构造的过程。通过"同化—顺应—平衡"的机制，达到对信息的理解。具体而言，同化是个体将所获得的信息进行转化以适应自身认知图式的过程，实现与现有认知图式的匹配。顺应是个体在获取到新信息后，将旧的图式进行部分改造，以容纳和适应新信息的变化过程。当同化和顺应过程相互交织，便形成一种平衡与再平衡过程。因此，同化和顺应是认知图式发展的两种机制，它们构成了一种动态化的发展过程，认知系统也通过"平衡—去平衡—再平衡"过程来实现知识

的建构。

认知图式所描述的个体认知生成过程解释了强化传播影响力的一般规律。总体来看，认知图式主导了个体内部的信息筛选过程，当传播内容触达社会个体时，符合个体已有认知图式的内容将会被吸收和保留，与个体认知完全相异的内容则无法进入个体信息加工的过程，被排除在个体认知之外。尽管在这一过程中，个体认知的同化、顺应机制会通过能动性对信息进行理解和重组，但其遵循的根本原则依旧是信息与个体认知图式的适配程度。这种认知图式的变化往往是渐进的，局部微小差异逐步被吸收进个体认知图式中，进而在保留个体核心价值的基础上对认知进行适应性改良。在媒介变革的环境下，个体通过技术的赋权与赋能大幅提升了自己的能动性，增强了对于现实世界的把控能力，其行为的自由度也得到更为全面的扩展。相应地，数字技术所拥有的视觉、听觉、嗅觉、触觉等多感官因素使得个体认知系统中的同化和顺应机制得以强化。其中，非理性因素不受个体的逻辑思维控制，能自发地形成心理活动，启动个体的认知过程，并通过关系、圈层的作用进一步实现认知能力的升维。

从这一层面来看，认知图式与未来传播的耦合在纵向时间性方面能给人带来不少启发。第一，对于个体尚未对特定信息形成完整图式的早期阶段，传播应抢占对于信息的定义权，寻找信息生成与传播的第一落点，通过时间上的启动效应"先入为主"地影响个体认知图式的生成过程。第二，信息的传播应以社会个体已有认知图式作为切入点，努力实现在传 / 受双方认知结构拟合和匹配基础上的信息传达，满足个体"以我为主"的认知取向，这样才能真正在信息触达的同时促进核心价值与理念的生成。第三，未来传播中对于个体感官的全方位整合拓展了认知的"同化—顺应"机制，新因素、新场景与个体认知之间形成了不同于传统大众传播时代的博弈。例如，触发多元感官内容的信息可能对个体已有认知图式中的同化机制产生干扰；对于全新的传播内容和形式，个体更有可能通过顺应机制容纳它，并实现对于旧认知图式的改造，这实际上为未来传播从认知层面的"破圈"提供了重要机遇。

二、空间向度：4E 认知框架下未来传播与个体认知的横向适配

认知并非单纯地存在于大脑之中，而是与大量不同的社会、技术因素动态地交织在一起。认知科学领域的 4E 认知框架解释了个体的认知能力如何依赖于认知资源，例如结构、符号、规律、过程等一般性实践。该框架认为个体认知是具身的（Embodied）、嵌入的（Embedded）、生成的（Enacted）和延展的（Extended），是由大脑和身体外部的结构共同完成的（见图 1–3–1）。具体来说，具身认知指大脑之外的身体参与和建构了个体的认知过程。具身认知不能脱离其所处的环境而存在，必须嵌入在社会语境中。嵌入认知把环境要素作为一种工具，以此增强个体认知与行动之间的适应性匹配。生成认知强调认知与行动的生成关系，即有机体和环境的交互作用是认知系统的组成部分。延展认知指个体的认知过程可以延展到有机体所在的环境中。学者克拉克（Clark）认为，大脑是一种"预测机器"（prediction machines），其核心功能在于通过感官刺激来理解外部环境，因此大脑的预测功能是延展认知的入口。总体上看，传播学视角下的 4E 认知显示出一种空间向度，即以个体能动性为基点，个体的认知构建出与社会环境相互勾连与互动的生动图景。大脑之外的身体、互动在认知过程中发挥着功能性甚至构成性的作用，而认知的目标是提供与世界互动的具身行动的可能性。实际上，4E 认知体现了一种多元的认知观，在个体的认知过程与身体及其所在环境、情境之间建立统一、完整、系统的联系。

4E 认知有助于我们理解认知的复杂性。若将 4E 认知中的各个要素与未来传播进行结合，可以发现，具身认知强调认知对于身体的依赖，蕴含着人内传播的要义，即个体通过具身性的体验获得关于外部世界的信息，并在人体内部进行信息加工，而在 VR、AR 等数字技术对于虚拟空间与现实空间的突破中，个体行动的自由度扩大为具身认知提供了更为生动的社会实践机会。嵌入认知强调认知对于环境的依赖，当个体以正确的方式依赖于环境，将会减轻大脑执行任务过程中的复杂性，减轻认知负担。而未来传播中认知对于环境的嵌入程度和嵌入方式因数字技术的发展而得到强化和拓展。例如，个体采用数字设备进行信息存储，

通过环境降低自身的认知负担。此外，平台媒介中的算法推荐技术将信息与个体认知进行匹配，实现了"人找信息"到"信息找人"的转变，进一步深化认知与环境之间的连接。生成认知与延展认知均强调人的认知与环境的交互，表明某些认知能力是在特定情境下生成或延展的。这与当下数字技术带来的场景化传播存在内在一致性，未来传播可基于特定的场景氛围，精准地提供不同领域、不同风格的信息内容，强化与不同个体的认知风格相匹配，进而潜移默化地影响个体的日常生活。因此，认知能力是在个体对于认知资源的共时性依赖和历时性依赖的基础上构建而成。个体的认知系统不仅可以获得认知资源，而且可以参与和塑造认知资源。

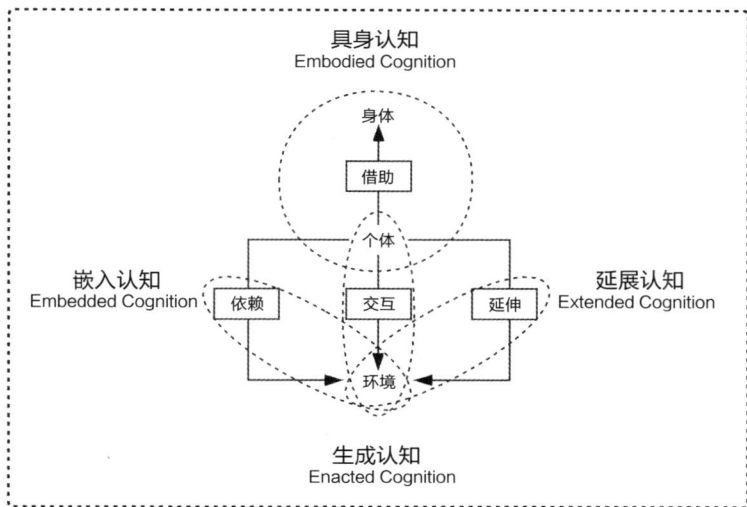

图 1-3-1 4E 认知理论模型

三、关系向度：认知与情感的关系性存在成为未来传播的驱动因素

关系资源的激活，这是互联网变革社会结构的力量之源。在连接为基础的结构下，信息在媒介与个体之间的循环往复和裂变式传播均受情感的驱动，能够引发个体情感共鸣的内容更易在当下的媒介场域中传播。不过，从另一层面看，情感的生发也需要认知的生成、互动与调和。学者叶浩生将认知与情感的关系

称为"知情一体"，强调二者是关系性的存在。"理性"是主体对客体的"认知"，而"感性"是主体对客体的"反应"。认知是具身行为的一种形式，而具身行为意味着应该超越认知与身体、主观与客观的二分方法，认知与情感是相互嵌入的。一方面，情感要素的产生无法脱离认知。个体原有认知图式对个体对特定事物、时间的情感的削弱和强化起到基础作用，新的情感将在原有认知的积淀中生成。另一方面，个体通过信息产生的认知凭借情感化的作用得以迅速沿社交关系网络传播，并在对于信息的多元理解中形成新的认知，进而凝结成新情感，二者共同构成了信息生成与传播的动力。

认知与情感的交互作用契合了诉诸感性与诉诸理性的传播策略。在数字媒介形态尚未形成前，传统以文字为主要介质的传播形式暗含着理性化、精英化的传播逻辑，只有掌握文字识别与阅读能力的个体才能参与信息的获取，这无形中塑造了传播过程中的信息准入门槛。社交媒体时代，以视频为代表的传播方式通过文字与图像的融合，结合了感性与理性要素对于个体认知的作用机制，同时使得社会多元的个体，无论知识文化水平和社会经济地位如何，均能够阅读和理解媒介传播的信息内容。信息壁垒被逐步打破。在未来传播时代，元宇宙中的个体能够以数字化身的方式在虚拟与现实世界之间穿梭，通过具身化的生理体验进一步提高感性逻辑的作用范围与作用层次，并在交互中形成对于信息的理性认知，这种结构性的改变丰富和发展了未来传播的驱动性因素。实际上，认知与情感的交互作用与未来传播的内在逻辑与操作策略实现了一定程度的耦合，如何通过二者作用机制的调和和改变，实现未来传播的社会沟通与社会协同，是需要进一步探讨的议题。

新操作：突破认知"圈层"的传播设计

目前，传播"破圈"已成为媒介生态变革下亟需解决的重要议题。通过对于社会各个圈层的打破，连接个体与社会信息资源，实现信息触达基础上的价值共建是未来传播的理想目标。而从认知的角度思考传播影响力实现的基本条件和作用机制，有助于我们以认知这一微观视角为出发点，打造未来传播效果的全新通路。

一、目标取向：实现传播内容与个体认知结构的多层次匹配

传播具有意义赋予的功能，大众传媒的生产活动将助推社会共识的凝聚与社会合意的塑造。社会共识是个体认知的良性聚合，而个体从属于不同的圈层，圈层内部的认知对于个体认知具有同化效应。因此，未来传播的认知"破圈"首先应建立在对于认知结构多层次的把握上。不对称的认知权力有助于认知生态位的构建，即认知优势群体塑造了信息的共享结构，以迎合该群体特定的认知需求。以受众角度看，大众传媒占有相对丰富的信息资源，因此处于认知生态位的前端，其信息共享也应符合个体的认知需求。根据历时性维度上认知的"同化—顺应—平衡"的作用机制，顺应个体认知结构的内容将会更为快速地被个体接收，进而通过新的认知与旧的认知的互动，形成信息"扬弃"基础上的再次平衡状态，为后续传播价值的产生提供了前提。

具体地看，大众传媒应从认知层面实现三个层次的信息传播。第一，与个体特定认知需求的对接，解决信息对于个体认知的触达问题，即"看得见"的问题。这一目标的实现需将内容的同质化向个性化转变，采用算法等技术把握特定场景下的个体认知状态。例如，在个体处于多任务在场的复杂状态下，认知资源难以兼顾并平均分配至各个领域，因此，轻量化、生动化、趣味化的内容能够缓解其认知压力，进而获得良好的传播效果。第二，激活个体认知中

的情感要素，解决传播范围与传播质量问题（即"看得下去"的问题）。感性与理性、认知与情感的平衡和分配是解决该问题的关键。传统意义上单纯"摆事实、讲道理"的理性化传播难以适应复杂的认知结构，甚至可能产生"适得其反，事与愿违"的逆火效应。因此，需根据不同的信息特性采取不同比例的认知与情感策略。针对涉及公共利益、关乎个体生命安全等严肃性议题，需增加诉诸理性的传播策略比例，而诉诸感性的策略则需相对减少，起到一定程度的情感唤醒作用即可。第三，利用信息创造性地改变个体认知结构，在微观层面实现个体的价值迭代，宏观层面实现社会的价值共振，解决传播的价值问题（即"看得有用"的问题）。大众传媒需系统性把握社会公众已有的价值逻辑，并在信息中适当添加新的价值倡导，通过柔性的、渐进式的方式与公众的认知结构对接，从而获得理想化的效果。

二、实践取向：实现分布式认知与圈层动态"平衡点"的结合

圈层的运动过程遵循动态与平衡的逻辑。圈层内部的正反馈会不断强化个体对事物的认知，通过认知的协同效应催生出情感的共振，最终形成社会合意。不过，这一过程也加剧了圈层对于外界信息的隔阂和排斥。隔阂产生偏见，偏见酝酿冲突，这将成为社会发展在传播领域中的一种"新常态"。然而，当过于强调圈层的开放性时，多元信息则使得圈层丧失了其原本的独特性和对于内外部个体的吸引力，进而导致圈层的解体。因此，"破圈"实际上是寻求圈层内部动态"平衡点"的过程。

为了契合圈层的平衡态并实现圈层突破，认知的延展与交互特性提供了微观上的操作路径。与社会"去组织化"带来的分布式社会的核心要义相一致，学者罗伯特（Robert）提出分布式认知（distributed cognition）的概念，他认为认知过程可能分布在社会群体和各个成员之间，涉及内部和外部结构之间的协调。这种认知过程强调了与个体思维相联系的认知过程如何在群体中实现。简单来说，认知过程涉及个体对于信息的传播和转化，加上圈层的结构化作用，认知在很大程度上决定了信息在圈层内部与外部的流动过程，因此，圈层本身也是架构个体

认知的一种方式。在未来传播的实践取向上，应将认知作为"破圈"的微观机制进行考察，实现分布式认知与圈层动态"平衡点"的结合。从某种程度上看，认知对于圈层内部信息的调节作用和对外部结构的延展过程有助于把握圈层的封闭与开放的临界态，使得圈层能在聚集同类观点的同时保持对外部意见的接收，并通过个体认知的转化产生出适应于本圈层的新信息，实现两种状态的平衡。

三、价值取向：实现"以人为本"逻辑下个体认知的多元互动

个体认知并非独立存在于社会环境中，而是在与社会环境交互中形成具身认知、嵌入认知、生成认知和延展认知，认知已从个体大脑衍生出与环境勾连的复杂形态。互联网对于社会的微粒化使得人的主体性和能动性得到凸显，成为传播过程中的活跃因素。从媒介延伸的视角看，未来媒介延伸了个体视觉、嗅觉、听觉、触觉、味觉等多元感官，实现个体"感觉总体"的回归。个体将成为感官平衡下的"部落人"，其认知也将逐步跨入虚拟与现实的诸多领域，形成不同于以往的新的认知体验。

未来传播的重要着力点应继续将"以人为本"作为评价标尺，拓展个体认知的自由度，唤起个体面对复杂性社会的认知潜能和创造力，激发个体深入思考社会发展中的各个链条，实现道德与思想层面的认知升级。此外，"以人为本"的深层次含义则是凸显人的尺度、人的价值与人的尊严，将个体的认知放置于信息传播的入口。相比于传统传播时代人被赋予统合性视角，"以人为本"意味着进一步精细化区分。因此，除满足个体认知向外的延展外，人体及人的心智本身也是一个大宇宙，对它的选择性"重组""再造"也将成为未来媒介发展的重要方向。将人的价值作用于未来媒介的发展和迭代过程，实现"以人为本"逻辑下个体认知的多元互动，这应该是未来传播基本的价值取向。

· 结语 ·

在数字技术引领下的未来传播变革中，社会被解构为微粒化的组织和架构，圈层化、再组织化的社会表征使得传播演变出不同于传统传播时代的生动图景。当个体成为传播与社会的基本运作主体和能动性因素，对于个体认知结构的深层次把握及其与传播过程多要素的耦合为衡量未来传播的影响力提供了可供感知和参照的标识，是构建未来传播影响力的一种理论延展。因此，未来传播影响力的实现，实际上是信息在引发受众注意力之后形成的个体认知结构的改变，而后产生相应的决策、行为等外显化的指标。认知要素构成、指标细化及其与传播的关联性操作，这些应该是对于未来传播可继续延展和思考的方向。

规则维度：从信息竞争到认知竞争

第一节

认知战：人脑中的传播战场

一、不战而屈人之兵的目标追求

　　信息过载时代，个人的认知能力已不再足以确保其做出明智、及时的决策，由此产生了"认知战"（Cognition Warfare）这一新概念，意味着个体可能在不知情情况下被"俘虏"认知，成为嵌入式第五纵队（Embedded Fifth Column）。现代战争中物理、网络和社会系统虚实互动、协同共生的"三战合一"发展态势，更是将人类认知空间的重要性凸显得淋漓尽致。有学者甚至预言人类大脑会成为继空中、陆地、海上、太空和网络之后的第六大"作战领域"，舆论战范式将发生根本转变。

　　所谓"认知战"，即围绕个体认知开展的竞争实践，其目的不仅在于控制信息内容，还在于改变人们的思维，继而影响其行为方式，达到"不战而屈人之兵"的目的。西方学者将认知战看作以往信息战（Information Warfare）的升维形式，是信息战及其衍生的电子战（Electronic Warfare）、网络战（Netwar）的总称。

二、认知护城河：数字时代的国家安全新边疆

　　目前认知竞争已超越军事战争领域，开始向政治、文化和社会领域蔓延。不过，需要明晰的是，信息竞争与认知竞争在深层传播逻辑上究竟存在何种差异？换言之，从信息竞争到认知竞争是否代表着一种传播范式的转变？如果是，认知竞争指向的是何种新传播范式？这正是本章欲回答的问题。对该问题的解答关系着智媒时代传播效果研究范式的再确立，对未来舆情传播等领域至

关重要。

为回答这一问题，本书拟从更宏观、抽象的元传播层面来分析，遵循"为何转型——如何转型"的思路，首先从元传播层面剖释结构性因素对信息竞争传播范式的影响，回答认知竞争是否构成范式转变这一问题；其次，在元传播规则下讨论认知竞争所指向的新传播范式与研究维度，以期帮助大家深化对认知竞争的认识。

第二节

元传播：围绕认知战的规则变化

一、何为元传播

美国人类学家贝特森（Bateson）在研究人类传播活动的特殊性时提出，相较其他动物应激性的交流行为，人类交流活动具有分层逻辑——具象的一层是双方对客观信息的传递，即信息论、控制论视角下所谓的"传播"活动；抽象的一层是双方对交流情境、交流关系等传播规范性背景的共识性规定，即所谓的"关于传播的传播"，类似于棋类或球类的游戏规则。贝特森把这一抽象层面的传播概念化为"元传播"（Meta-Communication），指提供传受双方编码方式及与传受关系有关的所有线索和属性信息的过程。它是传播活动的预设框架（Premise Frame），规定着传播的包含内容与排斥内容，"如同画框告诉观画者不要以同样的解读方法对待画框外的墙纸和画框内的绘画"。换言之，元传播即关于传播活动的规则框架，它构成我们如何谈论传播行为的基础规范和准则。

随后该概念被引入传播研究中。例如，贝特森在分析艺术与宣传的范式差异时引入元传播概念，以此说明二者在元传播层面对核心概念"何为真"的界定存在差异：宣传中的"真"被界定为客观叙事层面上的真实，而艺术中的"真"

则是人造话语层面上的真实。陆晔等人采用元传播视角分析了新闻业转型变迁，提出作为传播实践通用模版（template）或脚本（script）的"元传播范本"概念，将新闻变迁的本质抽象为以"事实为基础"到以"公众理性交往"为基础的"元传播范本"转型。有学者进一步强调元传播视角对传播研究的重要性，认为传播范式分析不仅应看到具体传播活动的变化，例如探究哪些创新活动可能或正在发生，更重要的是看到元传播层面的开放，即探究创新活动体现了怎样的元传播模式及传播规则。因此，元传播视角对传播范式转型的分析来说是必要且有效的理论分析工具。

二、元传播视角下的分析框架

如上所述，元传播视角即对传播背后的规则框架进行分析。那么所谓的"规则框架"指什么？应该如何切入元传播分析？延森（Jensen）将元传播的分析路径具体为三个维度：传播关系框架、体裁（Genres）及元语言（Meta-Language）。其中，传播关系框架指传受双方基于具体传播活动所建立的社会交往框架，规定着双方的表达、话语和角色扮演习惯；体裁主要指传播内容的话语习俗（Discursive Conventions），包括内容叙述形式、言说方式等，可以理解为传播的内容逻辑；元语言指抽象层面对传播活动的符码界定，可以理解为对传播活动中核心概念的意义阐释。

换言之，延森把元传播这一关于传播的总体规则划分为三个子规则：传播核心概念的阐释规则、传受角色关系的界定规则及传播内容逻辑的建构规则。因此，从元传播视角分析传播范式变迁的问题，就转变为对上述三个子规则变迁的解释问题。这便构成本书转型问题的核心分析框架，本书将沿着剖析信息竞争与认知竞争背后核心概念规则、角色关系规则及内容逻辑规则差异的路径，展开分析解读。

信息竞争：基于客观信息流的旧规则

一、影响传播规则的两大结构因素

在西尔弗斯通（Silverstone）看来，不同媒介技术及与之相应的社会关系结构，会激发并支撑特定传播交往活动，因此传播活动"既是技术性的，也是社会性的"。媒介技术与社会关系结构是传播规则的"底色"条件，其变迁可能消解或改造传播的相应元素。在从信息竞争到认知竞争的发展过程中，媒介技术和社会关系结构两种因素都发生了巨大转变。

就媒介技术来说，信息竞争是对信息空间和信息资源的争夺，其概念产生及发展的技术背景是传统媒介与初代互联网媒介（如门户网站）；而认知竞争对应的则是以算法驱动的智能媒介。传统媒介和初代互联网媒介的技术逻辑是打通人与内容、人与小圈子中的其他人之间的连接，因此其技术是沿着提升信息传递效率的路径发展的；但以算法驱动的智能媒介的技术逻辑则是打通人与物、人与场景、人与泛圈子众人的连接，它着力于通过数据定制打造人与世界间"千人千面"的认同关系，因此其技术是沿着扩展关系构造的路径发展的。换言之，媒介技术重构了个体与外部世界之间的中介界面，从以往由权威通过赋权挑选的"专业界面"转变为现在基于大数据的"算法界面"。在智媒时代，"算法"成为公众进行价值判断和思考的基础性框架，中介着个体对外部世界的认知。

其次，就社会结构来说，信息竞争对应的是平均化、组织化的科层制社会结构；而认知竞争对应的则是经由智媒技术重构的微粒化社会结构。由于个体被智媒技术前所未有地激活，传统科层制社会结构所仰仗运行的平均值正在消失，新型社会是高度解析的，不再关注平均值转而关注更新的东西：高密度的、更详细的认知，个体成为可自由安排自我信息系统的"超级个体"。在这种扁平式的分布社会中，传播活动不再可能以标准化和规模化为准则展开，而是转而面向长尾端挖掘、聚合、匹配微价值与微内容。

二、信息竞争时代的传播规则走向凋敝

如上所述，信息竞争概念建立于传统媒介技术与互联网初代媒介技术之上，对应着组织化的科层制社会。从元传播层面来说，信息竞争代表基于事实和理性的公众交往模式，以操控客观世界信息流为传播规则。在该规则框架下，"信息"这一核心概念被界定为外在于客观世界的讯息（message）或新闻（news），例如第一次世界大战期间的小册子或传单，以及第二次世界大战期间的广播节目；其角色关系规则建立在掌控渠道的操纵者与拥有平均意识的被操纵者之上；内容生产以教导（instruct）作为首要且最重要的目的，因此其内容重点聚焦于能实现劝服效果的文本元素。

不过，在智媒技术及与之对应的微粒化社会结构下，信息竞争这种依靠操纵客观世界信息流进行的传播规则正在消解。

（一）核心概念"信息"的消解

信息竞争中所抢夺的信息是一种对客观事实的阐述，告知（inform）着事物的最新状态，一定意义上等同于新闻。因而信息被界定为一个在客观性上优于观点的概念，是公众认知真相的介质和工具。在传统大众传播或初代互联网时期，专业新闻机构与新闻从业者把控着信息的展现渠道，在信息竞争中占优意味着其拥有对公众解释与叙述真相的权力——因为在媒介渠道与内容都极为有限的环境下，这些信息就像打在真相上的探照灯，光束不停地照来照去，能够操控信息流就意味着能操控人们看到的客观世界的零件，人们借助个人头脑对这些被操控的零件进行整合后便会得出操控者希望看到的结论。这即是过去所说"让事实说话"的逻辑。

然而，智媒技术一方面使得所谓阐释客观事实的信息不再可信，深度伪造等技术使得虚假信息更具有隐蔽性；另一方面，智媒时代专业媒体机构也不再具有操控信息流的能力，因为信息处在全时全方位的涌现状态。面对信息生产"前

台"和"后台"身份的重置和混杂，无论是否出于自身意愿，探求事实和真相的方式似乎都已经脱离了掌控。有限理性的人们用来指导自己决策的心智模式在应对复杂系统方面具有天生的缺陷，过载的信息已大大超出个体头脑中的有效释义范围。因此在此背景下，信息是否客观反应真相已变得次要，更重要的是它是否能够进入个体的认知范畴、是否对自己有用、符合自己的认知价值。在"地图在先"取代了"世界在先"的世界中，信息概念的重要性已被个体的认知所取代。

（二）均等化被操控者的消解

信息竞争的传受角色规则建立在操控框架之上，这是因为在科层制社会结构中个体具有服从高一级组织控制和监督的义务，高一级的组织也拥有规定下一级个体行为与思考模式的合法权威性。秉持一种抽象化的群体假设，主流传播机构可以根据假定的群体平均数或众数逻辑来操控大众，因此它们具有制造大众基础价值与同一秩序等基本认知共识的能力。

然而，在微粒化社会，个体在自由配置自我媒介资源的过程中形成了独异化的认知模式，不断强化的个人主义使主流媒体基于抽象化群体假设的操控思路被瓦解。用户不再是无差别的均值人或者是被抽离掉特殊性的抽象人，而是更彰显差异的微粒人或者单体人。这意味着单纯操纵信息的传播规则失效，依靠普适性的劝服策略改变信息构建很难如以往致效。因为在新的社会结构下，个体因素已不是可以被忽视的控制变量，传播面对的是拥有不同认知地图和大脑"操作系统"的个体，信息致效必然需要经过个人认知体系的过滤。

（三）聚焦劝服元素的内容逻辑消解

经典的劝服策略研究（例如一面提示与两面提示、感性诉求与理性诉求、诉诸恐惧等）一直为信息竞争时代的内容生产提供不竭的理论动力，在大众传播时代拥有强大解释力。这是因为当时的个体有足够的认知资源处理并不丰富的外在信息，且所有信息均落在主流媒介为个体公众"培育"的释义坐标体系之中，因此这一时期的劝服任务实际只需针对信息本身即可。通过内容元素的组合优化，良好的传播效果会变得更好。

然而，在智媒时代和微粒化社会，在政治、文化和公共政策问题上的社会共享视角逐渐被削弱乃至瓦解，导致公众的认知坐标普遍失灵。无论劝服策略的内容元素如何更改，它本身都会超出个体认知的有效释义范围，如若要实现劝服则需要新增一步——铺垫与编织劝服所需的认知框架。因此，如今诸如叙事传输（Narrative Transportation）等关注劝服框架的理论在劝服效果研究中获得了更高的解释力。当然，这并非意味着以往经典的劝服策略是错误的，只是一定程度上说明，仅在内容元素上进行操纵已经无法获得大众传播时代的强劝服效果了，基于统摄和结构思维的劝服内容更符合当下的内容生产逻辑。

总而言之，智媒时代和微粒化社会正在重新书写传播规则，用户"媒介观"的到来使媒介与媒介效果的解释权已经转移到用户手中，原先操纵客观世界信息流的传播规则的有效性受到冲击。从元传播层面来说，信息竞争向认知竞争的升级，是社会个人主义和算法技术发展的必然结果。

第四节

认知竞争：基于"刺激—认知—反应"的新规则

一、认知竞争时代建立新的传播规则

由于当前传播领域的核心不再是操控客观世界的信息流，而是影响个体主观世界的认知，所以规划从媒介信息到传播效果之间的作用路径时就不得不考虑用户认知的地位。

（一）核心概念：认知

心理学中，认知指包括感觉、知觉、记忆、判断等的一系列心理加工活动，是外在信息经过大脑加工形成后的初始结果。它不同于个体本能应激式产生的感知，需要对不同的感知信息进行简单加工及存储，才能形成认知；但它也并非认识，不是有逻辑性、有态度倾向的知识、意见或意识形态。认知过程理论把认知看作一个输入/输出的中介系统，其输入是关于事件的感知信息，输出是由深层思维产生的方法（如图2-4-1所示）。

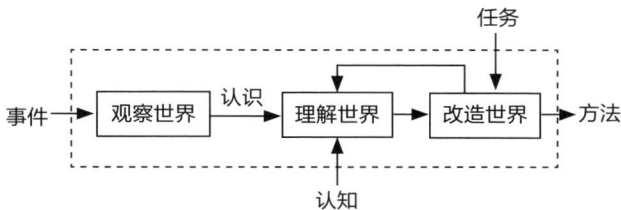

图2-4-1 认知与认识的过程差异

换言之，认知在客观世界与个体主观的深层心智间具有中介作用。其地位类似于戈夫曼（Goffman）和甘姆森（Gammson）对框架的阐释：首先，具有转换功能，即认知是客观世界信息在个人层面致效的必要条件；其次，具有架构作用，即认知是个体定位、释义具体信息的地图坐标；最后，具有框选功能，即认知是框选、划定个体心智范围和实践半径的基础。认知作为个体通过五官感知后在大脑中内化的一种思维结果，通过坐标或地图的角色影响着个体后续的态度、决策与行动。所谓的认知竞争，则是指对能够架构个体认知的资源和空间进行争夺，争取影响个体认知图景的机会。

（二）传受双方角色关系：助手与独异个体

在认知竞争所遵循的元传播规则下，媒介不再处于操控的主导地位，而是在面对具有独异化思维的个体时转向了助手角色，以私人助理（如智能语音助手、虚拟人）的身份嵌入用户媒介化的日常生活中。

一方面，这种角色转换为认知竞争带来了新可能性。智媒助手"永恒在线"地陪伴着个体的生活，个体画像、身体、位置、行为、情绪与心理、关系、评价等多维度都在被数据化，这种"全息"数据化为媒介影响、介入"千人千面"的个体认知提供了丰富的、可供计算的资源。不过，另一方面，这种角色转换也使认知竞争很容易陷入伦理困境，因为竞争将以更隐蔽的方式进行且不易停止，个体在反抗认知塑造时需要付出更大的代价和努力。

（三）内容逻辑：建构"认知地图"

如上文论及，由于社会共享视角的瓦解，认知竞争中的内容逻辑发生了变化，应该首先编织、铺垫劝服所需的统摄性认知框架，再进一步采用改造内容元素的策略。认知心理学家托尔曼（Tolman）把这种统摄性的认知框架称作"认知地图"，即个体可以"通过关于周围环境、目标位置及达到目标的手段和途径的内容感知来建立搜索地图，实现认知定位"。

从个体思维模式来看，认知是一个由浅至深的多层级活动，因而建构"认知地图"也应是一个多层级过程。具体来说，认知可由深至浅分为三元认知、二元认知及一元认知——一元认知处于最深层且相对固定、持久，是一种"固态"的认知，其改变或与外界兼容的难度最大；二元认知是可协调的认知，常因关系影响而改变，是一种流动的"液态"认知；三元认知是最松散的认知，可兼容提炼外界所有感知信息，是一种极不稳定的"气态"认知。因此，认知地图也需要在三个层级上分别编织，才可能致效。在目前实践中，政治机器人等"计算宣传"（computational propaganda）方法常被用于改造信息景观，建构最浅层的信息感知的地图，它们对个体认知的影响相对薄弱；在此基础上，有些媒介还从社群规范与社会资本中借力，以改造个体和圈层间的信任关系，建构关系认知地图，继而通过长期潜移默化地改造基础视角、建构基本框架来竞争更高级的认知资源。

认知地图会在传播实践中形成支点效应，只要让个体拥有某个基础认知坐标系，那么之后的信息元素会以点状呈现在该坐标系中，并通过认知结构的整体产生相应效果。形象地说，一旦认知的地基被打牢，随后的传播效果就不再是线性叠加，而是指数发展。因此，相较信息竞争而言，认知竞争是相对更中观、釜底抽薪式方法——通过影响个人心智的操作系统（即认知），继而影响其后续意见、决策及行动。

二、认知竞争的研究思路与研究议题

（一）研究思路：从"刺激—反应"到"刺激—认知—反应"

通过上文分析可知，个体认知方式必须以中间环节的地位被纳入智媒视域下传播效果研究的考虑。因此，传统传播效果研究尤其是劝服效果研究所基于的基本研究范式"S（刺激，stimulus）–R（反应，response）"需要升维成为"S（刺激，stimulus）–O（个体，organism）–R（反应，response）"范式。需要注意的是，此处论及的"S–O–R"范式与20世纪30年代后期新行为主义者提倡的有所不同，认知竞争研究范式中的O更多是指向框选、界定个体心智思维和实践半径的认知，S是指外界环境、个体内部及媒介接触界面中可能影响认知的所有刺激，R是指个体经过认知过滤后最终产生的认识、态度、意见、决策、行为反应（如图2-4-2所示）。

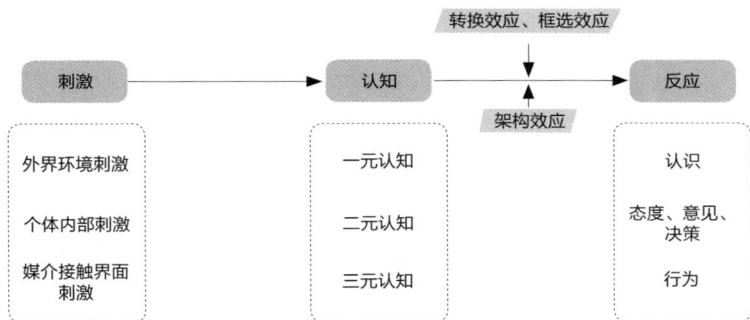

图 2-4-2　认知竞争的研究思路

在探究个体认知系统时，可以考虑从心理学、认知神经科学等学科借鉴新的理论和方法资源。例如，在理论层面，心理学家埃贡·布伦斯维克（Brunswik Egon）提出的"认知透镜模型"（Lens Model of Perception），立足个体角度描述了认知模式建立的过程。该模型把个体认知看作一组刺激经过知觉透镜折射聚焦后形成的整体，对探究用户认知模式何以出现系统性偏差具有启发性。而在方法层面，认知神经科学有关的脑成像技术及系统数据建模技术可以模拟人类认知建立人工认知模型（Cognitive Model）或进行认知计算（Cognitive

Computation），为日后的实验研究提供了深入个体认知的测量方式。

（二）未来相关研究议题

基于研究思路，未来传播学领域围绕认知竞争可能展开的研究将包括如下议题。

就基础性研究来说，可以对影响用户认知建构的因素进行凝练。如前文论及，个体认知具有气态、液态及固态不同层级，因此研究可以围绕如下核心方面展开：在三个不同层级认知如何建构，对影响其建构的因素进行凝练，剖析不同认知模式的核心影响因素，识别认知机制。

就解释性研究来说，可以对如下方面进行深入探索：个体认知与后续态度形成，行为倾向的因果、相关关系。例如，三个不同层级的认知在影响个体后续态度的广度、深度、宽度方面是否有差异；个体认知对其后续思维和行为反应甚至圈层集结、社会运作具有何种程度的框选作用等。

就应用性研究来说，可以对认知竞争操作层面的策略进行探究。例如，探究哪些操作策略能够催生较强的认知竞争力；哪些竞争思路有可能调控个体认知、拓展其认知边界等。

·结语·

拉斯韦尔（Harold Lassweill）曾在《世界大战中的宣传技巧》一书中，将信息战称作影响战争的奇妙工具。如今这个奇妙工具已升级成对个人层面"操作系统"的竞争。

从信息竞争到认知竞争的范式转变目前已在军事领域有所体现。随着社会媒介化程度加深，经济、政治、文化领域也将相继受到该转变的影响。智媒技术的升级及微粒化社会的到来，推动具有独异思维的超级个体成为传播中更高地位的一方，智媒信息对用户心智的全方位渗透及微粒化社会中共享视角的瓦解，使得个体认知不可避免地以中间环节的地位被纳入传播效果研究的考虑。认知即将成为传播效果的过滤器和撬动点，以坐标或地图的方式影响个体后续的态度、决策与行动。或许未来，智媒技术对个体认知的调动将会如同"美团接单""滴滴派车"一样，根据任务目的向个体思维"派发任务单"，制造舆论、塑造态势。

因此，必须重新审视认知在传播研究中的地位。未来无论是媒介传播形态的革新，亦或媒介传播内容的创造，都应该充分认识到认知在传播致效中的重要作用，将竞争思路调整为"编织"、建构用户的"认知地图"，关注作用于不同层次认知的机制，利用人的认知掀起更为巨大的传播波澜。

第三章

逻辑维度：从认知带宽到价值带宽

核心矛盾：认知资源的有限性和信息的无限性

一、媒介环境的内爆与个人心理

　　媒介技术的发展带来了"内爆"（implosion）及符号的过载。这种过载的信息和符号资源与个体有限的认知资源相结合，一方面使得个体依赖于媒介的逻辑形成认知、规训行为，另一方面也使得社会按照媒介化的逻辑重构与再组织。麦克卢汉基于对媒介技术进化的考察提出了"媒介即信息"的观点，该观点认为，新媒介技术的产生会形成新的认知与思维方式，由此形成认知尺度与认知环境，从而对人的心理机制与社会产生影响。机械时代，人的身体在空间范围内不断延伸，以至于能拥抱全球，并且这种身体上的延伸对个人心理及社会复合体都产生了影响。

　　内爆的观点强调了"反环境"（anti-environments）和"时空感的悖论"。具体来说，媒介内爆带来了时空界限的模糊，时间的加速与空间的多重性，使得现代社会呈现出"脱域"的特点。时空的同步性与异步性并存也催生了"反环境"，即对我们所处环境本身的认知。电子通信技术特别是互联网下"反环境"的功能使得个体产生了时空感的悖论，时空的急剧压缩一方面使得个体承受着心理压力，另一方面也带来了社会运转的加速，如信息流的加速和过载。

二、个体有限的带宽形成内爆后的困境

　　媒介产生于人们对于信息的需要，媒介起到了延伸、替代人的感官的作用，且通过感官形成的中介化体验会进一步作用于人的认知与行为。从媒介的结构与功能来看，人与媒介产生互动的根本原因在于人的有限的生理和心理认知能力。

随着人机交互、技术身体、智能身体的引入，技术逻辑已经渗透进日常媒介实践当中，用技术的术语来看，人的有限的能力可以概括为"带宽"（bandwidth）。在数字设备中，带宽指单位时间能通过链路的数据量，通常以 bps 来表示，即每秒可传输的位数。据此有学者提出生理带宽的概念，在心理学中个体有限的认知资源也被理解为认知带宽（cognitive bandwidth）。

不过，人的生理带宽被媒介所中介，这种具身的交互包括了人的感官的多维度体验。生理带宽也是在这种具身交互的基础上形成的，这个概念主要是从具身的角度考察媒介与人的感官体验。许多实证研究验证了媒介技术（如 VR/AR/MR）对用户视觉感知、身体交互与传播行为的影响。因此，人的生理带宽与媒介的关系具有依附性，囿于自然的限制，人的感官需要依托媒介发挥作用，而基于媒介获得的体验也在作用于人的身体、心灵和认知。

从心灵与认知的角度看，人的认知带宽概括了其有限的认知资源，即信息处理的可用性，个体的认知能力和执行控制能力。行为经济学家穆来纳森（Mullainathan）和心理学家沙菲尔（Shafir）在《稀缺：我们是如何陷入贫穷与忙碌的》一书中提到了认知带宽这个概念，主要是指一种相对的认知容量，其包括两种能力，分别是认知能力和执行控制力。带宽的减少会降低"解决问题、保留信息和进行逻辑推理"的认知能力，同时削弱执行控制能力。

基于信息加工理论，对信息的过滤、控制、保持和加工都需要消耗认知资源，认知资源的有限性将直接决定人可处理信息的复杂性及数量。在这一过程中由于注意资源与工作记忆的有限性，认知带宽成为媒介信息过载时代的稀缺资源，且成了不同媒介竞争的目标。虽然个体假设自己可以根据自由意志决定自己的思维方式和行为决策，但是在认知带宽的限制下，人很可能会将认知资源集中在最为紧迫的需求上，而牺牲其他的目标。因此，在某些问题上，个体可能沦为被媒介信息所主导的无意识的大众。

不过，除客观上信息过载带来的内爆之外，人主观上超越现实的欲望与需求也可能导致媒介交往中的"自反性沉迷"，即当我们理性有限而行动无限时，人的行动可能会受生理欲望驱使，并在数字媒介交往中不断强化自反性沉迷。这种自反性沉迷可能表现在两个层面：在感性层面上，对媒介的过度依赖可能导致个体心灵危机；在理性层面上，认知带宽和算法等技术因素可能催生信息茧房和回音室效应，进一步导致社会交往的离散化。

基于此，本研究拟从人的认知与媒介信息的矛盾方面展开论述。认知带宽描述的是人的认知资源的有限性，以及有限认知和有限注意条件下的信息分配问题，在这一过程中展开了信息供给与用户信息接收的两个最为主要的主体。而在新的媒介环境中，媒介不断形塑着不同的空间场域，并允许个体开展具身的传播行为，这些行为背后体现了空间与身体和认知的互构及文化的渗透。由此，本研究将基于"身体—媒介—认知—空间"的逻辑展开，首先分析人的认知带宽很有限的条件下媒介认知竞争的效率逻辑。其次，从中介化视角看人的认知带宽与媒介社会的互构，重新界定传播研究中受众认知的概念维度。最后，从身体与媒介空间的互动视角出发，以元宇宙为基本视域，思考元宇宙环境中智能技术是否能够摆脱媒介认知竞争的效率逻辑，达成人的积极认知。

第二节

效率逻辑：认知带宽与传播媒介的关系

在人与媒介的关系中，人的生理带宽涉及身体的居间性，人的认知带宽涉及身体与认识、心智和意识的互动关系。在这个过程中，有学者指出，媒介并非是简单的、技术性的单一延伸，媒介总是处于居间位置，成就着交互关系。对人与媒介的关系而言，媒介是人体的连接点，人体也是媒介的连接点，展现的是技术与人和世界的关联。德布雷（R.Debray）也认为媒介是一种关系而非实体，从关系性的角度来看，不同媒介载体承载了不同的交往形式，不同媒介所形成的竞争逻辑和方式也不同。

一、中介化视角下人的认知带宽与媒介的演进逻辑

基于人的认知带宽的视角，媒介成为个体感知和体验世界的中介，在这一过程中人与媒介产生了中介化的互动。"中介化"这一概念指的是两个区分的元素、成分或过程之间的连接，在这一过程中传播技术参与了人与人之间中介形态的互动体验，使得时空的距离化（time-space distanciation）或时空延展成为可能，在此基础上人的体验也被介入的技术逻辑形塑和替换。中介化也包含了一种辩证关系，即在技术与其相应的机构驱动特定的传播形态的同时，这种驱动也受制于历史和社会传统。由此，中介化的辩证关系视角能够阐释人在不同历史时期的媒介交往方式。中介化过程也包括了技术性、社会性和空间性三重维度（见表3-2-1）。

表 3-2-1　中介化视角下人的认知带宽与媒介的演进逻辑

媒介演进逻辑	口语媒介—文字媒介—印刷媒介—大众媒介—电子媒介		
中介化的演进	技术性	社会性	空间性
	工具—关系—场景	直接社会交往—中介化的社会交往	物质空间—虚拟空间—虚实融合空间
生理带宽的演进	感官分离—感官融合—感官重塑	语言传播—非语言传播—多模态传播	身体在场—身体离场—数字身体
认知带宽的演进	具身认知—嵌入认知—生成认知—延展认知	社会身份认同与建构—情感与价值认同	直接经验性认知—中介化的认知—扩展的想象空间

从技术性的角度来看，媒介技术主导了技术化的交流和意义的建构过程。媒介的连接逐渐从过去的信息传递的工具性连接转变为形塑社会关系、提供场景互动的中介化连接。媒介技术的演进下，媒介发展与人的认知带宽是一个收紧与释放的弹性过程，麦克卢汉认为媒介与人的感官系统的发展是由感官分离到感官重塑的过程。具体来说，口语媒介时代听觉与视觉被同步释放，而文字媒介时代则聚焦于视觉，收紧了其他的感官，这一过程在印刷媒介时代被进一步强化。印刷媒介时代，被强调的文字印刷媒介使得事物被反复思考与审视，人的认知超越了时空的界限，感官被收紧的同时认知思考的空间得到了释放。而在大众媒介时

代，广播、电视、电影的产生释放了人们过去被局限的生理带宽，在视觉和听觉的双重影响下，大众媒介在影响个体的注意资源、激活情绪情感、影响个体记忆以及建构民族的集体记忆方面起到了一定的作用。电子媒介时代，这种中介化过程超越了距离，表现为时空的脱域和拟真的交往，人的生理带宽得以进一步融合并被媒介重塑。在认知带宽的维度上，伴随着媒介技术的变迁，认知科学对认知的理解也在不断进步，认知科学家认为认知是具身的（embodied）、嵌入的（embedded）、生成的（enacted）、延展的（extended），将心灵看作是大脑、身体和环境共同作用的结果，弥补了传统认知科学忽视身体与环境对认知作用这个缺陷。

从社会性的角度来看，西尔弗斯通（Sliverstone）认为在日常生活中媒介的模糊性、矛盾性、物理性、社交性和媒介伦理起到了中介化的作用。首先媒介的介入使得社会交往从直接交往转变为中介化的社会交往。电子媒介的产生使得同质化的文化生产与分裂化和个性化的网络社会并存，并且为新的公共性创造了条件。过去，受媒介影响，人的生理带宽被限制在部分感官通道上，随着电子媒介时代的多模态传播方式的出现，人体感官通道的叠加与融合趋势不断加强。人的生理带宽与媒介互动的社会性也体现在多模态的话语分析方式中，即这种分析方式为理解人类传播行为背后的话语权力和身份认同脉络中的权力关系提供了可能。而从认知带宽的社会性层面看，个体的身份认同在心理学上体现为个体对自我身份的确认和对所归属群体的认知，以及所伴随的情感体验和对行为模式进行整合的心理历程。从认知带宽的社交层面看，卡斯特（Castells）认为身份认同是人们获得其生活意义和经验的来源。由此，媒介的中介化的过程强调了身份认同的不同侧面，例如大众媒介时代强调的是社会身份认同与媒介的建构作用，而电子媒介时代的多模态传播方式强调的则是媒介所形成的圈层中群体的情感认同与价值认同。大众媒介时代，在媒体的塑造下，"农民工"这个社会身份带有了一定负面性，这直接影响了农民工群体在城市社会中获得文化承认和尊重的过程。在电子媒介时代，个体的身份认同更多是由社交媒体提供的圈层关系所形塑，如"Z世代"就是基于游戏社群、知乎社群、豆瓣兴趣小组、哔哩哔哩等媒介形成的情感认同与价值认同。

从空间层面看，社会空间已经从物质空间发展到电子媒介所创造的虚拟空间，乃至当下 VR、AR 等媒介塑造的虚实融合的空间。在这个过程中，人的生理带宽的变化体现为，人的身体从在场到离场，对传播的理解从意识的交往发展到身体的复归。例如，身体依靠技术跨越时空，实现在场，通过智能传感器采集生理信号形成了数字化身体。从认知带宽层面看，人的认知从直接的经验性认知转变为被媒介所中介的认知，而电子媒介创造出新的时空场景，进一步扩展了人的想象空间。在此基础上，公共空间与私人空间的界限变得模糊，不同媒介空间所包含的复杂权力关系通过空间表象影响着个体的认知与情感体验。

二、媒介认知竞争效率逻辑的二重性

从中介化的角度来看，人与媒介的互动包含着媒介技术对主体生理带宽和认知带宽的重塑过程。这一点在传播效果理论中也得到了印证，例如媒介通过议程设置、架构、铺垫等手段影响着个体的心理图示和认知基模。这些效果理论背后隐含着不同主体、不同渠道、不同信息内容及不同信息所触达群体的媒介竞争逻辑。媒介竞争逻辑也即媒介社会对受众的争夺，其主要目的是实现受众态度和行为的转变，而这一前提是认知，由此媒介的竞争逻辑逐渐从对受众行为的竞争转向了对受众认知的竞争。那么，由于人的生理带宽和认知带宽的有限性，媒介的认知竞争就需要遵循效率逻辑，即在个体有限的带宽之下有效地进行信息供给与分发，以满足个体认知的需要。因此，媒介认知竞争的效率逻辑也就是通过信息资源配置实现对受众稀缺的认知带宽的占有权和认知占有率的最大化。在信息资源过载的情况下实现信息的"有效触达—影响认知—规训行为"的闭环，而这种认知竞争效率逻辑也具有个体获取信息的场景适配性与媒介干预性的复调。

在认知竞争效率逻辑的正面影响中，各媒介会基于数字化和网络化技术捕捉个体的数据痕迹，进而实现高效的信息分发机制。媒介从大规模、无差别信息分发到精准化、智能场景化信息推送，极大地降低个体获取信息的门槛，同时提升了个体获取信息的效率。例如，信息分发从大规模传输变为算法主导下"猜你喜欢"式个性化推送。

不过，媒介的丰富性与连接的多层次导致了信息爆炸与个体心理的内爆。这种信息爆炸在个体信息加工过程中表现为信息过载下的认知干扰。从注意资源的层面看，首先，信息过载加速了注意资源的损耗，它具体表现为消除注意力残留、抑制无关刺激都要耗费个体精力并降低其采集信息的敏感性。其次，信息过载损害了个体注意资源的分配，不同来源和不同类型的信息会抢夺个体的注意资源。最后，从效率的维度看，信息过载引发了信息规避（information avoidance），降低了个体的决策绩效。从工作记忆的层面看，工作记忆也会受认知负荷的拖累。信息的特征与呈现方式会影响个体决策时的认知负荷，同样信息过载带来的时间压力也会影响个体决策。

在这种信息过载与认知负荷的影响下，个体的信息加工和决策将面临更大的模糊性与不确定性，这主要表现在自上而下与自下而上的信息加工过程中。在自下而上的信息加工方面，行为经济学提供了依据，穆来纳森认为稀缺会通过自下而上的方式捕获注意力，行为的发生将不再受意识的控制。稀缺会直接减少人的认知带宽容量，此处的带宽容量并非与生俱来的带宽容量，而是在特定场景下可以运用的带宽容量。同样，前景理论也基于"有限理性"的假设提出个体的信息加工和决策具有确定效应、反射效应、参照依赖、损失规避和迷恋小概率事件等特性。

此外，在信息加工过程中，个体急于寻求答案的认知动机也会催生认知闭合需要（need for cognitive closure）。认知闭合的发生包括夺取和冻结两个阶段，分别反应了个体的紧迫和永久这两种倾向。在夺取阶段，个体会进行快速的问题搜索，并形成对目标问题的尝试性假设；在冻结阶段，个体会坚持原有假设并且拒绝基于新信息调整原有认知，进而形成认知闭合。认知闭合一旦形成，就会导致个体的认知偏差和认知功能失调，并进一步激活了情绪和行为的失调反应。信息的不确定性使得个体在获取信息方面很依赖媒介，而媒介的认知竞争逻辑一旦作用于个体决策，个体就很可能产生认知闭合，从而影响群体行为决策。例如，谣言、流言与群体行为通常产生于个体认知闭合需要，由此很可能会引发集合行为和社会运动。当个体由于不确定性而被卷入海量化、迅捷性的信息海洋时，具身的交互将会增强拟态环境，个体的积极认知就很容易滑向认知闭合需要。

除个人因素外，媒介背后的意识形态与权力组织也可能导致认知竞争效率逻辑发生异化，媒介可能通过强化认知的首因效应和占有权、最大化认知占有率等方式，使得认知竞争转变为认知战（cognitive warfare）。例如，在现代冲突中，具有某些意识形态的媒介会通过舆论战、信息战和认知战，控制个体的思维方式和行为决策。美国国防部将信息环境分为物理的、信息的和认知的三重维度。首先是以人为中心的认知维度，其次是以数据为中心的信息维度和可感知的物理维度。认知维度包括人民的知识，态度，信念和看法。正如信息战这个概念所概括的那样"信息战旨在使用和管理寻求竞争优势的策略，包括进攻和防御行动。这个概念通常可以用来描述较狭义的活动，例如网络运营、认知操控、电子战、运营安全和军事欺骗"，信息操控日益从数字信息维度内化到身体和认知维度。在此背景下，认知带宽这一术语也难以概括媒介背后的权力主体所传递的意识形态与价值观。

第三节

竞争逻辑：信息加工与个体带宽的匹配

在心理学中，个体的信息加工过程包含四个连续的阶段：编码—匹配—选择—反应。在媒介环境中，这一过程对应的就是"信息触达—信息解码—信息匹配—行为决策"。信息触达调用了个体的生理带宽，信息解码和信息匹配阶段则涉及个体的认知带宽及个体深受所处社会文化环境影响的"价值带宽"。由此，媒介认知竞争的维度也从生理带宽、认知带宽延伸到了更深层的价值带宽。媒介对三种带宽的延展程度不同，生理带宽、认知带宽和价值带宽应对媒介的认知竞争的方式也具有特殊性。

一、共同体与信任：价值带宽的引出

在当下媒介环境中，媒介的认知竞争逻辑已不仅仅是个体的感官体验，或心理层面的知觉、注意、情绪、记忆等形式，实际上还包括了思想、精神与价值观。因此，在认知竞争逻辑下的个体带宽还包括个人或群体的精神习惯和思维定式的总和。由此引出了认知竞争有效触达的最后一环，媒介对目标个体或群体有针对性地匹配信息，影响其决策。这些信息具体包括与个体和群体相关的文化、历史、意识形态、经验、人际关系等内容。由于这些信息涉及受众更深层次的认知，并且这种更深层次的认知也具有稀缺性和有限性的特征，因此"带宽"的隐喻也可以表示个体在媒介环境中有限的认知价值尺度，"价值带宽"的概念也就由此被引出。

"价值带宽"将个体的思想、精神与价值观从个体的经验中抽绎出来，从宏观群体和社会层面探讨认知竞争的维度。价值带宽不仅意味着受众接受了信息，同时意味着受众接受了信息的标准、规则、结构和内涵等价值属性，换句话说，价值带宽的重塑将在某种程度上改造受众的认知结构。认知结构指的是大脑处理信息的形式和过程，它是大脑用以处理信息的一系列秩序、法则、组织或一种操作和处理的系统。分布式认知进一步佐证了认知中的"价值带宽"这一概念，海奇（Hatch）和加德纳（Gardner）基于教室中的认知活动提出了分布式认知的同心圆模型（Concentric Model）。该模型包括了三重维度（见图3-3-1），最外层是文化力，代表惯例、活动和信仰，该层超越了特定的情境，影响着个体；中间层是地域力，强调了特定的本地情境中的资源及直接影响个体行为的人物；最内层是个人力，代表个体带到许多本地情境中的倾向及经验。同心圆模型的三重维度涵盖了文化、地域和个体经验对认知的影响。换句话说，在个体高度依赖媒介信息的现代社会中，从信息解码到信息匹配再到行为的整个过程，价值带宽这个概念归纳了媒介信息在社会文化和地域、圈层关系及个人经验的层面对个体认知的影响。

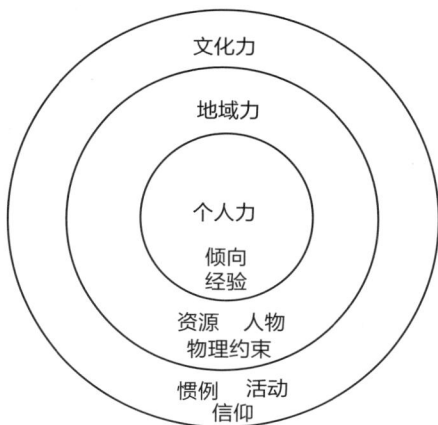

图 3-3-1　分布式认知的同心圆模型

在媒介环境中，个体并非孤立的、原子化的个人，而是存在于不同圈层中的个体。因此，认知竞争逻辑下价值带宽竞争的具体过程是从个体所处的圈层出发，通过地缘、业缘及技术影响下的趣缘关系影响个体的身份认同、价值认同及情感关系认同，在网络流动化的圈层中形成"想象的共同体"与信任。从当下的媒介环境看，圈层与价值带宽的关系处于由两种力量所塑造的动态平衡中：一种力量是单一的、原始的，通过极端价值形成了封闭的圈层；另一种力量则是开放性的，可能导致圈层的过度开放，进而使其失去独特价值。在这两种极端力量的张弛过程中，自由、平等、信任、开放的圈层将是媒介技术需要探索的平衡点。

二、绝对带宽与相对带宽：认知竞争逻辑与个体带宽的匹配

媒介对个体带宽的争夺过程也是自反性的，伴随着个体带宽的重塑和媒介认知竞争逻辑的重构。德布雷关于媒介的观点也表明，媒介能够形塑个人心理。具体来说，德布雷提出了媒介域的观点，旨在阐述技术系统、社会组织和象征系统之间如何建立起社会契约关系，并且在特定的媒介域中，形成与媒介域匹配的集体心理、信仰和主义。

具体来说，这种自反性就是不同带宽在媒介作用下匹配或发生认知折扣的过程，表现在生理带宽的绝对性、认知带宽的相对性和价值带宽的响应性和效率性。

在生理带宽方面，其绝对性体现在媒介技术的延伸与截除具有一定的生理限度，例如通过后天的运动训练能够实现生理带宽的适当扩张；利用虚拟现实等技术可以实现数字孪生、分身接触等，在另一空间实现生理带宽的重塑。

在认知带宽方面，稀缺理论下认知带宽具有相对性，认知带宽的重塑主要是与个体的认知结构相关。如前所述，认知是一个系统的过程，在这一过程中认知的不同成分如工作记忆、长期记忆与信息加工匹配存在多维互动，因此在认知竞争逻辑下认知带宽的匹配过程也是一个结构性问题。在认知层面，解决带宽的稀缺问题进而促进信息匹配主要有两种方式：其一是在生理层面扩展带宽；其二是实现信息的有效分配，减少认知的结构性盈余。生理层面的带宽扩展是指，采取多重感知通道的方式全方位唤起用户感官，降低单一感官在信息接收过程中的损耗。不过，感官通道的多寡与信息接收也会受到其他变量的影响，例如信息和感官通道的协同、匹配与场景连接相关。在信息的有效分配方面，信息与认知结构的秩序化是减少信息熵并促进认知接收的手段之一。换句话说，控制论模式下的有序信息能够降低认知难度并且在结构上扩大认知带宽。在认知资源的分配方面，外来信息与知觉、注意、记忆、情感等成分的匹配存在不平衡性，这导致了认知的结构性盈余的产生，减少认知的结构性盈余也就意味着信息内容与认知结构的系统耦合。

最后在价值带宽的匹配方面，价值带宽涉及对信息的响应性和效率性。吉登斯（Giddens）认为，在人类暴力和个人无意义的风险环境中，关系与信任成为被"脱域"的抽象体系中的纽带。依靠信任，社会才能够建立起跨越时空的互动形式，促进信息的接收匹配，信任应该被植于社区、亲缘纽带和友谊等个人化关系之中。正如分布式认知的同心圆模型所显示的，文化力体现了媒介社会中弱关系的作用，地域力则体现了与个体直接相关的强关系，这些都能够影响个体的认知、态度并且促进其行为转变，而个人力主要体现了个体的基本认知基模。格兰诺维特认为，强弱关系之间的区隔体现在互动频率、情感强度、亲密程度和互惠交换四个维度。强弱关系形成的社会网络在信息传递和知识共享方面发挥的功能不同，认知竞争逻辑中价值带宽的适配也是在解决强弱关系的结构性匹配问题。

整合逻辑：智能技术与个体带宽的耦合

认知竞争的效率逻辑中强调了技术与媒介的作用，然而媒介在意识形态权力的作用下可能形成认知竞争逻辑的异化，导致认知战的产生。因此，需要从主体能动性的角度考虑个体主动的信息"拉取"，减少被动接收，以此作为未来认知竞争的有效逻辑。从中观和微观的角度来看，媒介技术在形塑个体的认知和行为的同时，个体也在以认知可供性的方式驯化着技术。因此，应该从主体能动性的角度出发，进一步思考元宇宙环境中人与技术的耦合是否能够摆脱媒介认知竞争的效率逻辑，达成个体的积极认知自由。

一、分布式认知的启发：元宇宙视域下媒介与个体认知的协同

面对内爆，麦克卢汉的观点并非如鲍德里亚（Baudrillard）般消极，他认为每一种文化、每一个时代都有其偏好的感知和认知模式，倾向于为每个人、每件事规定一些偏好模式。然而，当下的人们很厌恶这种强加于人的模式。这种模式表现为媒介塑造个体的认知模式和价值模式，而个体更渴望获得自己的积极认知自由，形成与媒介的融合共生，而非中介化的互动。基于个体依赖媒介的现实，分布式认知的观点对个体认知的延展以及认知与媒介的协同进化提供了分析框架。在这一观点下，个体带宽与媒介的互动也从大众传播时代的中介化互动转变为元宇宙空间中带宽嵌入、延展和协同的互动（见表3-4-1）。

表3-4-1　大众传播时代与元宇宙未来媒介时代个体带宽的比较

带宽类型	大众传播时代	元宇宙未来媒介时代
生理带宽	物化身体	智能身体与多元身份认同
认知带宽	认知带宽有限	认知带宽在感知空间、构想空间与生活空间三重空间中延展
价值带宽	价值带宽作为外部逻辑	价值带宽内嵌于底层架构

分布式认知是一个包括认知主体和环境的系统，是对内部和外部表征的信息加工过程。分布式认知提出认知分布于个体内、个体间、媒介、环境、文化、社会和时间等之中。与传统认知强调个体的主体作用不同，分布式认知的框架提出，在媒介化社会中主体与客体依赖于媒介工具的互动（见图3-4-1）。媒介工具在此处的功能是扩展认知，减少主体的认知负荷，扩展个体的生理带宽和认知带宽，并且健全个体的价值带宽。在分布式认知的框架下，主体与媒介形成了具身关系，媒介技术的演进使得媒介工具从中介化、干预性发展转变为媒介与主体认知的协同演进。这种协同演进一方面是从物理层面扩展带宽，另一方面是对认知结构和认知系统中的结构性盈余进行重新分配。

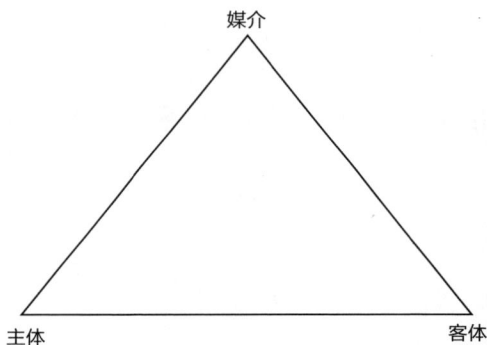

图3-4-1　分布式认知框架下人类认知结构

二、生理带宽的延展：从具身中介到拟具身化体验

　　生理带宽中的身体在传播中起到了中介化的作用，促进了主体的空间感知和社会认知，并且在参与社会交往中发挥着文化和政治功能。因此，媒介认知竞争中对有限生理带宽的争夺是后续场景认知与价值匹配的前提。在元宇宙视域下，个体生理带宽的延展主要体现在身体从物化的、肉身的存在转变为基于技术的智能身体。

　　智能身体来源于对生理带宽这样的绝对带宽的技术性补偿，反映了人类自身与技术体系的深度连接。物理学家泰格马克将生命看作是能够自我复制的信息处理系统，物理结构是硬件，行为和"算法"是软件。生命 1.0 是生物阶段，生命主要靠进化获得硬件和软件；生命 2.0 则是以人类为代表的文化阶段，我们可以通过学习来优化算法；生命 3.0 则是以人工智能为代表的科技阶段，生命不仅可以自由设置软件也可以自由设置硬件，摆脱生物进化的枷锁，实现数字化永生。在智能身体的实践中，身体的拆解和再造表现为身体元件的数据化，如身体状态、身体位置、情绪、人脸、声音等的数据化。例如数字大脑、脑机接口等的身体元件化，扩充了人类稀缺的生理带宽，以特殊的方式嵌入人类自身的经验现实中，实现了身体元数据的可测量和可获取。唐·伊德也提出，在"人—技术—世界"这个发展连续统中，"（我—技术）→世界"的变项体现了一种人与技术的具身关系。在媒介空间的身体实践中，身体作为行动者也发挥着中介和转译作用，它主要对精神、物质文化进行转译。智能身体成就了个体对媒介信息的多维度感知和提取，并且进行有意识的转译，它改变、转译、扭曲和修改着媒介信息的意义和元素。这种转译功能体现了个体对于媒介信息的积极能动性，个体借此有望摆脱认知竞争的效率逻辑。例如，智能可穿戴设备能够识别个体的生理数据，进而为个体提供健康预警等信息，促使个体改变自己的生活习惯。不过，个体生理带宽的稀缺与需求和欲望的无限性始终处于矛盾状态，智能身体在促进生理带宽延展的同时也扩张了人们的感知需求，而这种对需求的过度追求也可能造成身心的双重负担，身体的元件化也可能对认知产生影响。

进一步来说，技术的具身关系也唤起了人们对技术透明性新的期待，即摆脱技术的参与而重新获得扩展的身体。这种重新获得的身体在元宇宙世界中体现为多重的数字化身，以及主体所建立的多元身份认同。数字化身是从具身到离身的转换，个体通过虚拟身体在元宇宙空间中获得拟具身化的体验，由此物质身体、智能身体与数字化身三重身体在不同的媒介空间中得以共存。虚拟空间体验成为现实空间中行为的映射和反射，由此数字化身在不断地体验中重构着现实世界的行为。此外，多重身体带来了多重的主体身份认同，与当下的物质身份认同不同，元宇宙中个人更渴望摆脱技术的中介性，形成全方位逃逸的、游牧的主体。不过，元宇宙中，主体是摆脱技术的中介性、实现游牧的身份，还是被技术全方位的控制、形成数字的存在，还需要结合经验性问题来进一步思考。

三、认知带宽与价值带宽的互动：从感知空间到构想空间与生活空间

在大众传播时代可能仅仅是把媒介视作辅助认知的工具，不过分布式认知则强调了"主体—客体—媒介"三者之间在认知上的协同性。对个体来说，分布式认知强调协作的意义，通过认知共享与分布缓解认知负荷。分布式认知在元宇宙中可能的表现是在混合现实的场景下扩展主体认知，而这种扩展可能来自内部与外部两个部分。分布式认知的延展包括了对内部表征（如心理图式、神经网络等）与外部表征（如物理符号、外部规则等）的延展。从内部来看，心理学研究发现，减少消极情绪、利用积极情绪能够延展认知带宽。例如，有研究利用积极情绪诱导、冥想干预、激励信息、注意力控制等方法，将焦虑等负面情绪和稀缺的认知带宽转化为了丰富的思维。

从外部来看，个人的身体存在于一定的空间当中，正如梅洛庞蒂（Merleau-Ponty）提出的"空间是身体化的空间"，身体性与空间性的统一是人们获得知觉的基础，并且身体在空间当中建构了认知与社会文化的意义。元宇宙视域下，虚实融合的空间场景包括时空状态和心理氛围，即不仅包括了单一的物理空间，还包括心理空间与权力关系。从元宇宙空间来看，其更强调通过媒介工具与主体的协同关系来匹配和扩展认知。换句话说，元宇宙是通过特定场景下媒介提供的时空场景与主体的匹配来扩展个体带宽，这种带宽既包括了注意、情感、记忆等认知带宽，也包括思维、意识形态等价值带宽。就这一点来看，列斐伏尔的社会空间三元模型（感知空间、构想空间、生活空间）从主体与媒介的关系层面出发，能够为元宇宙场景下扩展认知的方式提供借鉴。列斐伏尔的社会空间三元模型从空间的辩证关系角度，对人的异化和身体感觉的释放提出了批判性思考。他认为空间既不是一个起点，也不是一个终点，而是一种手段或者工具，是一种中间物和一种媒介。在跨媒体时代，有研究者研究了这个三元模型在媒介化社会中的演变：感知空间强调了媒介技术对于个体的必要性和适应性；构想空间能够实

现经验的预演；生活空间实现了社会实践的常态化。媒介的挪用以价值带宽的形式改变了社会规范、惯例和期望方式。

就元宇宙认知带宽的三重空间关系来看，首先，感知空间是指人们依据一定空间生产方式对具体场所、空间集的生产和再生产。感知空间是能够被人们感官所把握的具体的、物质化的空间场所，元宇宙技术扩展了主体的感官维度，通过增强对现实的多维度、沉浸式的感知，主体有望实现以高维的认知视角关注社会现实，并且以自身的想象和期望编辑社会现实空间。不过，元宇宙并非完全脱离现实世界，地域空间可能会以镜像空间和增强现实的方式存在，并赋予个体对现实空间更丰富的行动自由度。例如，元宇宙空间中地域化的表现形式——地图，将以数字化三维交互形态呈现，其能够与自动驾驶汽车进行交互，并且自动驾驶汽车的传感器同样可以补充三维地图。

构想空间是关于社会空间的意识形态，是通过权力和符号编纂构想出的概念化空间。这样的空间概念可以被理解为一个不断生产和复制一种链接的关系网。构想空间对带宽的延伸体现在媒介所提供的可供性与个体认知的结合，媒介可供性塑造了个体对于社会世界的理解，并且使得其数字交往行为愈加符合媒介空间的要求。在元宇宙空间中，构想空间表现为经验的预演。感知空间的物质性以新的方式融入构想空间当中，例如身体的姿势、运动、社交手势等在构想空间中依然存在。个体在构想空间中通过游戏等方式实现了具身认知与虚拟空间的互动。拟具身化体验与情绪和注意的预先唤起实现了认知与媒介的协同，在此处媒介负载了个体的认知，使得个体对社会现实的体验和感受预先在构想空间中实现。在元宇宙中情感的维系表现为数字交往中更深层次的信任与共情，在其中人与机器、人与化身、化身与化身之间的连接能够在拟具身化的体验基础上实现"准社会交往"和"媒介等同"的交往体验。这种经验性预演在积极程度上能够帮助个体实现情绪调节、记忆捕捉和行为的延伸，但是也需要警惕认知竞争的异化，技术在与认知耦合的同时也促进了监视的自动化，从而使宣传目标更隐蔽地实现。

最后，这种认知与经验性预演将作用于生活空间，生活空间是一种私人的、想象的微观的空间。这一空间使得来源于虚拟世界的认知作用于现实世界，主体认知也在虚拟与现实世界中被反复修正与确认。在这一环节，价值带宽的响应性和效率性就发挥了作用。元宇宙空间对价值带宽的补偿体现在经验预演向现实空间的转化方面，由于经验预演的空间包含社会关系的再生产，因此与现实社会的权力结构可能存在不对称性。元宇宙中的关系圈层更多是基于区块链的非对称加密、共识机制、智能合约等实现的，这些技术特征保障了公平、互惠、合作、公民参与等正向价值的实现。在此前提及的现实圈层的两种极端力量之间，技术的去中心化保障可能是实现圈层平衡的一个辅助支撑。

·结语·

元宇宙这一概念符号承载了人们对未来媒介可供性的想象，为人类理解未来社会的构造方式提供了具象化的图景。与当下媒介时代不同，元宇宙作为一个全新的社会空间，其所提供的具身交互方式使得个体的生理带宽、认知带宽和价值带宽均得以重塑。而这一重塑也有望摆脱媒介认知竞争的效率逻辑，实现个体的积极认知和行为解放。认知自由与行动自由可以具体化为三重空间的数字交往，而交往的基础是身体。感知空间扩展了个体的感官和行动能力，在一定程度上减轻了认知负荷，在此处身体的积极性体现在其作为中介者和转译者对媒介信息所进行的解码工作。随后，认知在构想空间中得以扩展，而通过认知、情绪和思维方式的预先唤起缓冲了直接性的社会实践，个体可以以模拟化和游戏化的方式进行行为实践。最后，经验预演作用于个体的私密生活空间，虚拟行为与现实行为的交互使得私人想象空间不再局限于单一的物化空间，个人身份认同与情感关系认同也愈加多元化。在这一空间中，个体带宽的释放与积极认知相联结，过去被媒介局限的认知逐渐在三重空间中延展，媒介与个体的关系从中介化转变为协同交互。在文化层面，空间实践也具有一定的社会文化意义，公共空间的达成依赖于底层技术的保障，底层技术也形塑了个体的价值带宽，规范了社会行为，有望为圈层社会交往提供平衡支点，促进公众社会参与和协作。

第四章

策略维度：抢占更多的认知资源

在数字文明时代，人类的思想逐渐被视为一个新的争夺领域。随着技术和信息过载的作用越来越大，人的认知能力将不足以确保自己能做出明智和及时的决策，这导致认知战这一概念的出现。认知战不同于以往的舆论战、心理战、宣传战，它使社会中的每个人都以前所未有的方式参与信息的处理和知识的生产。认知战的本质就是对于人们认知的竞争，即占有更多的认知资源，从而结构性地规定人们行为的边界。因此，我们应该看到认知战背后社会结构的转型，以及关于"认知"的竞争在数字文明时代的重要意义。

认知的概念来源于心理学，指通过思想、经验和感官获得知识和进行理解的一系列心理过程，包括思考、认识、记忆、判断和决策。又由于认知与人类如何思考高度相关，关于认知的研究后来演变出认知心理学，成了心理学重要的分支。由于认知在这个时代的独特价值，所以如今关于认知的研究已经远远超出了认知心理学所关注的范畴，而广泛地分布在市场营销学、传播学、社会学、语言学、政治学和军事科学等各个学科领域。从学科的建立与发展历史来看，传播学自滥觞阶段便长期关注意见生成和劝服效果等问题，并通过对这些问题的研究架构了学科理论的基本脉络。在数字文明时代，传统的学科思维逐渐式微，海量的信息让人们无法像以往一样能及时、准确地作出判断，意见和态度也逐渐变得松散和不稳定。而认知正是意见、态度形成的框架和基础，可以从底层影响意见、态度的形成。因此，曾经"关于观点的争夺"逐渐演化为如今"关于认知的争夺"，认知在数字文明时代对于传播学本身具有无可替代的意义。

为了更好地把握认知在当下传播学研究中的独特价值，须厘清从大众传播时代到数字文明时代，社会发生了哪些变化；为了在现实的认知竞争中处于有利地位，须对认知竞争在其中的作用机制和操作路径有一个基本的认识。故本书从以上两点出发，提出以下研究问题：从大众传播时代到数字文明时代，媒介环境发生了怎样的变化？社会结构经历了哪些转型？认知竞争有着怎样的作用机制？

以及当下的认知竞争有哪些操作路径？本书拟通过对上述问题的探索，为认知在传播学中的研究提供些许启思。

第一节

传播转向：从离散观点到认知统合

大众传播时代到数字文明时代，本质上是社会从体制文明向数字文明的转向，亦是互联网思维在社会各个层面的全面渗透。媒介环境的变化、社会的结构性转型催生了所谓的"情绪极化""后真相""圈层文化"等群体表征，也不断印证着互联网对社会运作机制的统合性影响。在这样的情况下，传统关于"What we think"的争夺已深化为今天关于"The way we think"的争夺。在数字文明时代，离散的观点已经难以满足时代竞争的需求，被认知所统合的一整套感知习惯、思维习惯、行为习惯逐渐成为群体态度、社会舆论形成的核心要素，并决定着人们的行为边界。

一、媒介环境的变化

（一）算法机制：短程记忆与浅化思维成为常态

如今，以协同过滤（collaborative filtering）算法为主的信息推送机制已经大大改变了个体在信息互动中的地位，挑战了个体既有的接触、使用、创造和评估信息的能力，同时也引发了传播在空间、感官、意识形态和场景等层面的偏向。换言之，在数字文明时代，算法机制在信息接收层面结构性地改变了个体的思维特征，这种改变主要体现在记忆和思考两个方面。首先是记忆模式的重构，在算法机制的作用下，个体的记忆模式从长程记忆（long-term memory）转向短程记忆（short-term memory），碎片化的信息和阅读时间导致"拒绝记忆"逐渐成为个体最常见的习惯，不断涌现出的热点内容反复刷新着个体本就不稳固的记忆。

在这样的情况下，个体更习惯于关注新奇的、刺激的"瞬时体验"，而长期的结构性记忆被逐渐解构。其次是思考模式的重构，算法无止境的推送改变了用户原有的线性的、连续的思考模式，涌泉般的信息流催生了个体的浅层阅读习惯，使其难以对具体的问题进行较为深入的思考。同时，个性化算法的过滤机制所带来的诸如回声室效应（echo chamber）、过滤气泡（filter bubble）也在一定程度上窄化或固化了个体的思维边界，限制了个体融合不同观点的能力，不利于社会共识的形成和文化的发酵与传承。综合地看，在算法机制的影响下，短期记忆和浅化思维导致社会个体的信念呈现出十分松散的状态，其观点与态度也变得极其不稳定，在这样的情况下，就必须对个体认知层面有更加准确的把握。

（二）信息过载与噪音：决策成本不断提升

如今，我们生活在一个信息过载（information overload）的时代，社交媒体的崛起和社交机器人（social bot）的活跃使信息量呈现指数增长的态势，这个过程中也伴有大量的虚假信息、谣言等各种形式的噪声。过量的信息输入使个体经历着严重的精神损耗，承受着巨大的认知负担。个体的注意力遭受各方争抢，由此出现了认知功能障碍，以至于频频做出错误决策。换言之，当今人们生活在一个信息过度饱和的世界，个体的认知将不足以做出明智和及时的决策。在这样的情况下，需要一种真正以认知和心理为中心的方法来实现说服、改变和影响。尤其在"后真相"时代，随着情绪化表达、虚假信息等现象越来越频繁地出现，了解那些能获得个体信任的信息的生产机制变得越发重要。在诸如市场营销、政治选举、文化输出等诸多领域，如何占领个体有限的认知资源成了不可忽视的关键命题。盖言之，信息的无限性持续反衬出认知资源的有限性，在数字文明时代，认知逐渐成为决定个体选择和行为的核心内驱力。

（三）社会人的数据化：个体主体权利的异化

与大众传播时代相比，数字文明时代的最大特征是整个社会的数字化，海量数据逐渐成为驱动社会运转的核心"能源"。生存于数字化社会中的个体，无论身处何地，每一分、每一秒都在产生数据。而这些架构我们生活中饮食、出行、娱乐、消费等行为的隐私数据经常以"不平等协议"的形式被轻易抓取、分析和整合，进而构成对个体思维方式和行为习惯的循环掠夺。数字劳工（digital labor）的概念即展现了数字化社会中个体的劳动形式与被剥削机制，揭示了被数字化社会这一宏大叙事所遮蔽的个体的生产力与行动力模式，以及文化生产背后的复杂性、多面性与斗争性。在数字化社会中，工作与生活的界限变得模糊，任何行为都是一种无形的劳动。随着个体的商品属性不断增强，个体的主体权利被削弱，个体数据中隐含的思维方式和行为习惯在一定程度上代表着其自身的认知，这些都成了数字文明时代各方争抢的宝贵资源。

（四）数字空间的情感共振：从"情绪表达"到"情感发酵"

在数字文明时代，以社交媒体为核心的媒介平台催生了诸多无法存在于大众媒体时代的情感共振场域，形成了包括情感公众、延展性情感空间、集体记忆和数字遗产在内的独特景观。大众传播时代单向的、严格符合时间规范的、有议程设置的传播模式往往只能激发情绪（emotion）这种具有短期爆发力的感受，而社交媒体所具有的交互感、集体参与感、具身感、仪式感更容易激发情感（affect）这种长期而稳定的心理感受。在数字文明时代，媒介不仅生产碎片化信息，还成了情感交互的基础，为社会情感提供了发酵的场所。以作为个人记录机器的社交媒体为代表的媒介，改变了人们储存和读取记忆的方式，形成了一种数字化记忆，进而重塑了人们对于时间、空间及记忆的感知。概述之，数字文明时代的特征催生了诸多情感共振的场域，重塑了人们的认知中关于记忆和感知的形态。

二、社会结构的变化

（一）组织方式的重构：部落化和圈层化

从大众传播时代到数字文明时代，个体的组织方式已经发生了结构化的改变。马歇尔·麦克卢汉（Marshall McLuhan）在《理解媒介》一书中提到了"再部落化"的概念，他认为随着电子技术的发展，人类社会将重新部落化，缓缓退向表音文字产生前的口语部落形态——一个人人参与的、新型的、整合的地球村，感官重新达成平衡和形成互动。互联网本身就是一个巨大的返祖隐喻，唤醒了工业时代之前的人际传播模式，同时也唤醒了与之相匹配的情感共振与关系认同。

围绕社交媒体所形成的"圈层化"社会交往，这是组织方式的"部落化"和人际传播的回归在数字文明时代的突出体现。一些热点话题特别是特定领域的舆论话题，往往首先在特定圈层中发酵。这些基于血缘、地缘、业缘和趣缘组成的圈层都拥有它们各自的独特文化，而这些文化也以潜移默化的方式影响着个体的思考和行为。此外，圈层与圈层之间又有界限，过去标准化的信息供给方式难以适应圈层化、个性化的现实。支撑这种社会圈层结构的不仅仅是理性的事实的逻辑，更重要的是基于价值认同和情感共振等非理性、非逻辑要素带来的圈层与圈层之间的意见交换与信息流动。简而言之，部落化、圈层化的社会交往在一定程度上重构了个体认知的产生方式。因此，在数字文明时代，认知本身的产生过程在发生变化，这就要求我们必须重新思考新时代的认知概念：个体的认知在今天具有高度的复杂性，是不同圈层价值观和思维模式的叠加态。

（二）价值观要素的重构：从"秩序与理性"到"感知与非理性"

从历史的角度来看，大众传播的法则是建立在基于秩序和分工的工业文明之上的。因为大规模的生产活动，必须讲逻辑，必须用理性来进行沟通，唯有这样才能实现效率的最大化。理性是这一时期的显著特征，因为它代表的是多数人观点的集合体，是整体利益的最大公约数。社会学家马克斯·韦伯（Max Weber）在《经济与社会》中将这种基于大规模生产活动的社会结构称为官僚体制（Bureaucracies），其具有集中的、等级分明的组织，遵循合理的、有目的的规律运作，并按照更大的社会功能完成特定的任务。韦伯认为这样的官僚体制标志着一种独特的生活秩序，它深深嵌入并塑造了现代价值观，如法律下的平等、精英统治和问责制。在这种情况下，理性与秩序共同构成了大众传播时代的价值观要素。然而，在数字文明时代，个体被赋予了无限的价值，个性化的重启，使社会价值观超越了理性和秩序，将基于个人感知的、关系的、情感的诸要素纳入自身。正如韦伯所说的，官僚体制及其背后的理性主义精神越来越成为奴役人类的"铁笼"。如今，人们对事实的判断不再只是基于标准化的理性价值观，而是转向基于社会关系和情感共振的个性化价值体系。因此，在数字文明时代，认知形成的方式发生了重要的变化，我们必须同样以发展的眼光重新审视认知在当下社会环境当中的形成过程。

（三）思维环境的重构：从诉诸"定数"到"拥抱不确定性"

如果我们将眼光拉得再长远一些，自从人类通过驯服小麦并开始定居生活后，无论是古代的农耕文明还是近代的工业文明，都是诉诸确定性的文明。由于生产生活的需要，人们始终渴望充满定数的生活，希望用定数充实内心的信念。这种思维环境是贯穿人类文明既有历史的，并构成了千百年来的文化肌理。在数字文明时代之前，人类不同层次的愿景都是确定性的愿景。无论是解放思想的自然科学，还是束缚思想的宗教体系，都是在诉诸定数的思维环境中运行的。而互联网对社会最大的改变是使个人脱离单位或群体，变成独立的、个性化的、有价值的个体。人类在互联网营造的虚拟世界里，回到了法国哲学家德勒兹（Deleuze）所提出的"平滑空间"（smooth space），这种空间被理解为一望无际的平原、大海或沙漠，充盈着自由流变的游牧美学旨趣。主体在虚拟世界中以"游牧的"（nomadic）方式生存，没有固定的宏大叙事，只有不断变化的主体微观视角。这种游牧式的生存方式，不同于以往对定数的执着追求，而是勇敢地去"拥抱不确定性"。与定数不同，不确定性本质上是多重可能性，或者确保各种可能性的状态不会出现坍塌。与此形成呼应的是，近些年来"旅行"于不同学科的"可供性"（affordance）概念，"即存在于人与环境之间的多重可能性"。概言之，随着社会的深度媒介化，人与人、人与社会之间的关系不断涌现出这种不确定性，且接受不确定性逐渐成为常态，在这样的思维环境中认知也必然形成与大众传播时代不同的走向。

操作路径：认知竞争的作用机制和策略机制

一、认知竞争的作用机制

（一）认知改变的土壤：数字文明时代的"拟态环境"与深度"媒介化"

首先，在数字文明时代，认知的改变是建立在算法对人的固化与限制的基础上的。虽然不同媒介素养（Information literacy）的群体，其认知被重塑的程度不同，但在数字化社会生存的个体，均难以逃离被算法重构的拟态环境。拟态环境（pseudo environment）本是大众传播时代的概念，即媒介通过对象征性事件或信息进行选择、加工、重构后所营造出的框架化的环境。如今，算法以一种更底层的模式将世界的各种对象映射为一定的数据及模型，在人与这些对象之间提供了一个数据化的界面。这种数据化的界面通过智能终端的传输，不断冲刷着人们的认知。其次，万物皆媒、深度媒介化的社会带来了人与人、人与社会的多重连接，人们的认知逐渐被新的关系、新的群体所共同构造。换句话说，当前人们的认知存在于个体之内的部分已经越来越少，而是呈现出一种分布式存在的状态。认知科学中将这样的状态称为分布式认知，即认知过程是由参与其中的分析单元（unit of analysis）之间的功能关系来界定的，这些分析单元不仅存在于个体内，也存在于和个体相关联的文化、地域、群体之中。社会的深度媒介化通过不断建立新的联系，加剧了这种认知分布的流动，加之算法对人的固化，这些都是数字文明时代认知被重构和渗透的养分与土壤。

（二）认知改变的操作逻辑：从薄弱环节突破

微观层面的操作逻辑需要我们将视角从认知本身延伸至实际的认知竞争（即所谓的"认知战"）当中去。认知战被描述为一种"脑科学武器化"（weaponization of brain sciences）的新方法，其本质是利用人脑的漏洞（vulnerabilities）来攻击个人，并破坏每个社会赖以存在的信任。具体而言，虚假信息的发布者根据其目标的认知脆弱性，利用他们预先存在的恐惧或信念，使他们倾向于接受谣言和误导。这样的"大脑之战"试图播下不和谐的种子，煽动矛盾与冲突，使意见两极分化，并使群体激进化，最终达到消解社会凝聚力的目的。

认知战的具体操作逻辑来自于社会工程学（social engineering），这是一种巧妙地操纵人类在生活某些方面的行动的艺术或科学。具体而言，社会工程学是由一组心理技术（psychological techniques）和社交技能（social skills）组成，基于影响、说服和建议，引导个体泄露相关信息或允许攻击者获得网络访问。我们熟悉的社交网络、电子邮件、移动设备和各类网站都正在被用以对用户的操纵和说服。社会工程学的基本逻辑是寻找整个信息安全链中的突破口进行攻击，从而实现对整体结构的瓦解。随着新技术（如虚拟化、移动设备、物联网、云计算等）部署了具有现代安全边界的复杂架构，超越了防火墙和互联网之间的边界，攻击的表面越来越大，越来越多样化。在这种情况下，利用各种传统协议和操作系统对现代计算机的攻击都是有限的。因此，黑客们逐渐将技术手段放入后台工作，转而把他们的眼光聚焦在"用户"这一信息安全链中最薄弱的环节上。因为与计算机或技术相比，人类更容易信任他人。如图4-2-1所示，社会工程学的攻击循环由4个基础的阶段组成：信息收集，采集与评估目标信息的准备阶段；建立信任，攻击者寻求与受害者建立信任关系；利用与实施，攻击者利用信任向目标实施攻击；达到目标，攻击者达到初始目的后，实施新的攻击或不留痕迹地退出。

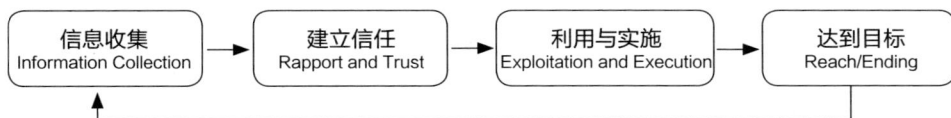

图4-2-1 社会工程学的攻击图式

在突破用户的具体过程中，目标人群的群体特征，尤其是认知中脆弱的环节和思维层面的缺口又会成为新的突破口。换句话说，当下的认知战，是根据目标群体的某些惯习和弱点进行的有针对性的、集中力量的打击。例如在信息过载和信息污染的环境中，我们的短程记忆和浅度思维就极易成为被对手攻击的"突破口"。带有意识形态的各类信息会以碎片化的、新奇的、标签化的形式进入我们的认知，通过建立信任，为长期的、结构性的改变做准备。换句话说，在推荐算法的影响下，我们认知中的惰性和惯性思维就会成为突破口，符合对手意图的信息会以我们喜闻乐见的方式巧妙地进入我们的认知。

（三）认知改变的实现方式："短期的认知偏差"到"长期的的启动效应"

与外在意见、基本态度等作用于外层的表征相比，价值观、视野观和知识观等社会深层心理往往更难以被改变，然而后者才是如今认知竞争中被主要争夺和占据的关键。因此，数字文明时代的认知竞争必然是一个长期的、"慢工出细活"的过程，具体的思维方式的改变、信念体系的重构也是一个潜移默化、"润物细无声"的过程。根据上文所述，目标人群的思维弱点、认知漏洞和预先存在的恐惧被利用后，他们就极易在接收和处理信息时形成认知偏差（cognitive biases），而这种认知偏差会通过长期的积累最终成为改变认知的结构性力量。认知心理学中的可获性捷思法（availability heuristic）在这个过程中起到了关键性作用，该方法认为人们在使用记忆进行判断时喜欢走捷径，即个体在讨论一个特定的话题时，往往会依赖记忆中最容易想到的经验和信息，并以此作为判断的依据。在这个过程中，记忆中那些新近发生的、情绪性的和冲击性的信息往往更容易被察觉到。当下，由于个体对于海量信息无法进行有效的记忆，所以他们依赖可获性捷思法进行判断的情况越发明显。在现实中，社交机器人和推荐算法产生的信息不断提供着"可获性"的记忆，引导个体形成不同类型的认知偏差。这些认知偏差会长期在人们原有的认知中潜伏、勾连与融合，最终会随着某些事件的发生，通过启动效应（priming）产生外化影响，如图4-2-2所示。在如今认知竞争的过程中，多方都在积极地利用这样的认知偏差作为改变个体认知的捷径。总体而言，认知改变的实现方式是一个从"短期的认知偏差"不断积累，最终到"长期的启动效应"发挥作用的过程，结合前文所述认知改变的基础和社会工程学的操作逻辑，它们共同构成了认知竞争在微观层面的作用机制。

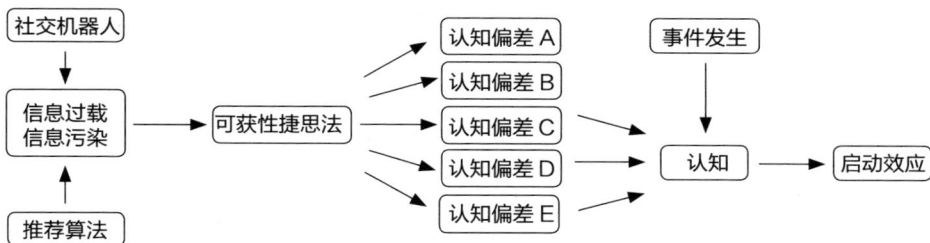

图 4-2-2 从认知偏差到启动效应

二、认知竞争的策略机制

（一）渠道策略："接力传播"与"圈层进入"

渠道策略的目的是，让信息更好地触达受众，深入目标人群的社会半径和实践场景，解决的是看得到的问题。在当下的环境中，"万物皆媒"解构了传统媒体的渠道霸权，碎片化和垄断化同时成为传播渠道的现实。一方面，大量的用户生成内容（UGC）、机构生成内容（OGC）、专业生成内容（PGC）和机器人生成内容（MGC）分流了长期集中于传统媒体的渠道依赖；另一方面，数字寡头（digital oligarchy）的出现长期垄断了人们大部分的视听空间。因此，在这样的情况下，数字接力能力就成为当下信息触达受众的关键，也就是将形形色色的渠道进行协同整合、连接及强化信息在不同渠道间的可转换性，最终实现一种涉及全要素、全环节的问题解决能力。这就要求我们必须以受众洞察为先导，深入目标人群社会深层心理与现实中切实的矛盾，再去构建这一种接力传播的能力。其中，传统媒体与新兴媒体之间的"接力—协同"尤为重要。很多具有高度社会价值的信息往往是 UGC 生产的线上内容，其影响力被限制在线上。只有当传统媒体跟进报道，实现其"社会地位的授予"，这些信息才能真正成为现实社会生活中的热点，从而引起各职能部门的关注与干预，进入社会视野的中央。一条重要信息的传播有赖于两类平台之间的接力与协同，对造就信息的社会影响力来说这两者缺一不可。当然，两者结合同样意味着传统传播模式的巨大变革及内容表达形式的对应性创新。

除此之外，社会圈层的进入也是很关键的环节。圈层化是数字文明时代的标志性特征，不同的圈层有着不同的表达方式、文化产生模式和情感发酵模式。若想更好地触达目标人群，就必须掌握进入圈层的技巧，其中最重要的是传播场景的构建。不同的圈层往往有自己熟悉的、固定的传播场景，在这样的场景之中信息的传递与交互往往更有效率。例如，在 Bilibili 上，某些团体通过积极创新视频形式、优化视频制作流程、创新组织形式，构建了更适合当代年轻人的传播场景，成功地释放了目标人群心中的情感势能。

（二）话语策略：传播的修辞与表达

话语策略的目的是，解决信息触达后人们看得下去的问题，使信息表达的尺度、分寸、信达雅的程度与人们的共振点、认知结构和外在的吸收模式有较好的契合与对应。这一点主要涉及如何在传播中运用修辞，即一种传播文本的构造模式，涉及话语表达的形式、内容和吸收模式的建构。这种文本的构造可以借鉴传播修辞学中概念创新、表述创新和范畴创新的知识，即通过对语言的策略性使用来达到更好的社会劝服与认同塑造功能。

首先是概念创新，即话语内容和符号的创新。概念是一个个具体的知识单元，概念之间的逻辑勾连铺设了一个巨大的意义网络，话语正是在此基础上沉淀和形成，最终成为一种群体性的社会意识。其中，隐喻的建构是概念创新中非常关键的一环。隐喻在当代认知科学中普遍被定义为人类的一种基本思维活动，涉及认知、分类、概念化和对世界进行解释和评价。人类不仅通过隐喻的审美潜力表达自己的思想，而且借助隐喻进行思考，认识人类所生活的世界。隐喻作为辞格之首，能帮助我们改变现存于接受者意识中的语言世界图景，具有其他辞格难以比拟的修辞能力和劝服效果。具体而言，隐喻通过将两个事物放在一个并置的结构关系中，使我们可以基于一个概念领域去把握另一个概念领域，从而有效地促进概念之间的连接，以及处理新概念的"冷启动"问题。

其次是表述创新，即话语策略中表达形式的创新。其基本的逻辑就是构造出一种故事化的语境，使人们可以追随故事的展开，在故事中找到共振点和认知结构中的契合点。具体而言，表达形式的创新可以分为两个维度：外在形式和内隐形式。外在形式包括语言修辞和视觉修辞。语言修辞强调不同修辞手法和诗兴的美学手法，包括文本表征中的形式、韵律、格式、风格；视觉修辞则强调对图像符号的有效使用，通过视觉文化时代图像与生俱来的传播优势来影响人们的认同系统。内隐形式指的是在构建故事化语境过程中，在文本中隐蔽地诉诸情感和道理。毫无疑问，情感是最通用的认知语言，是有效引发共振点的方式，故事化语境中的情感元素可以积极地引发人们认知中的概念连结和关系认同。如果说情感是故事与认知的心理纽带，道理则是故事的终极落点和底层语言，在情感被触动后，在人们认知中留下的其实是隐含于文本中的价值观。情感元素的使用只是手段，是敲门砖，而真正构成心理认同基础的则是沉淀在话语修辞中的道理。

最后是范畴创新，即话语修辞在吸收模式上的创新。认知语言学中的原型范畴理论（prototype theory）认为，范畴（category）是指在互动体验基础上人们思维对客观事物本质的概括反映，是由一些通常聚集在一起的属性所构成的完美概念。从认知过程来讲，人们认识和命名一件新事物，其实就是在确定其范畴，故范畴的概念又类似于贝特森所提出的框架（frame）的概念，即一种个人组织事件的心理原则与主观过程。从这种意义上来说，每一个范畴都是人为创造出来并通过组织化而形成的相对比较稳定的认知框架，它使人们可以按照既定的理解方式来认识事物，并在此基础上形成一定的争论空间和对话系统。因此，范畴创新意味着认知框架的创新，意味着在话语策略中要与人们的吸收信息的模式相勾连。其具体的操作方式可以分为两种，一种是创造新的范畴，使人们按照既定的释义系统对信息进行解读；另外一种是借助人们认知中既有的范畴来输入新的内容。这两种方式在一定程度上都可以使人们解读信息的过程更加平滑，以此解决信息触达后的所谓"看得下去"的问题。

（三）符号策略：避免解码过程中的"文化折扣"

在受众"看得下去"之后，如何使他们能够更容易看得懂，这是符号策略所关心的主题。内容的形成是一个"信息编码"的过程，相应地，内容产品的接受与解读则是一个"信息解码"的过程。一个理想的信息解码过程是能够最大限度地避免因"文化折扣"与认知偏差而造成的原内容的价值耗损及价值曲解。文化折扣这个概念指的是，扎根于某种文化的特定的影视节目在其国内市场很具吸引力，因为国内市场的观众拥有相同的常识和生活方式，但在其他国家这种影视作品的吸引力就会有所衰减，因为其他国家观众很难认同这种风格、价值观、信仰、历史、神话、社会制度、自然环境和行为模式。换句话说，导致文化折扣的深层次原因是文化结构的差异，而减少和消除由于文化折扣所带来的价值损耗，需要围绕受众"信息解码"过程中起关键作用的几个要素进行操作。

首先是由认知载体的差异产生的文化折扣。不同的社会圈层之间存在不同的说话方式，这样的差异导致人们在信息交流的过程中往往"搞不懂"对方在表达什么，或者完全无法理解对方的语言和行为。譬如游戏文化圈中"阴阳怪气"的说话方式，放在其他圈层中就会容易让人产生曲解；再如网络空间中各类"扮丑"的短视频，其表达方式往往被其他圈层的人群视为是很低俗的。鉴于不同社会圈层之间的语言并不相通，在信息编码的过程中，我们需要基于以下两个维度进行价值的建构。一是纵向的深度价值的操作与表达，要尽可能使信息的内容与形式的表达符合严整、深刻、生动、传神、真实可信等要求。换句话说，可以使不同文化底色的受众在解读信息时有一种较强的共识性，并且解码后的内容应该是有深度、有价值的。二是横向的宽度价值的连接能力和共振效果的营造，即营造可以使不同文化底色的受众在同一内容作品的激发下实现情感共振、关系认同的能力。

其次是认知参照系的差异，即不同的既有经验所造成的文化折扣。认知体系取决于结构化的知识、经验和阅历等，往往由一个群体目前所处的环境、被约束的规则和面临的矛盾所决定，然后表征于被寄予的期望的事物和所诉求的权利等。不同认知体系的社会群体在解读同一社会问题时往往呈现出不同的方向，甚至解读出大相径庭的结果。因此，为了减少这样的文化折扣，需要在不同的群体之间搭建彼此理解和认同的合意空间，即寻找彼此在社会文化的认知参照系方面的共同部分，以此作为双方沟通的立足点和发挥影响力的作用点。社会认知的心理结构有三个层次：深层价值心理、基本社会态度和具体社会意见。深层价值心理通常较为稳定，其他两个层次的差异则越来越大。因此，一个可行的办法就是尽可能避开具体社会意见，从深层价值心理和基本社会态度上寻求共同点。譬如，不同的社会群体可能在所持的具体观点上不尽相同，但在深层价值心理上都有很强的爱国情怀和民族自豪感。因此，找到不同群体的合意空间，是从解码层面消解文化折扣的关键性操作。

· 结语 ·

在数字文明时代，认知将成为被争夺和抢占的重要资源，不同领域和学科也都展开了与认知相关的研究与讨论。认知竞争并不是特殊时期或特殊事件的衍生现象，而是一场长期的、存在于各个领域的关于人们思维方式和价值观的争夺战。在传播学的视角下，数字媒介的成长及媒介环境的改变重塑了人们形成认知的模式，尤其在深度媒介化和万物互联的社会形态中，媒介如何占有人们更多的认知空间，将成为未来传播学研究的一个基本问题。本书即沿着数字文明时代的传播转向，尝试性地提出当下认知竞争中的操作路径。不过，既有的结论必然受限于当下社会结构、技术环境和认知体系，现有的想象力也不足以论证未来认知竞争的实现路径和操作逻辑。此外，由于篇幅所限，本书中涉及的许多内容并未充分展开和进行更加细致的讨论，如社会工程学中信任建立的机制，认知偏差产生和作用的机制，以及宏观层面的战略设计等，这些其实都值得进一步的分析与探讨。与认知竞争一样，未来关于认知本身的研究也是一个长期的过程，需要且值得更多的研究者予以关注和深耕。

第五章

受众维度：从信息接收者到信息创造者

传播大变革：容量、结构及人的角色

在过去的 150 多年里，人类取得的技术进步超过了之前 2000 年的总和，网络技术和网络信息也已经渗透了人类生活的各个方面。从纸质媒介到电子屏幕，传播介质的改变带来了信息形式、信息内容和信息量的巨大变化。2020 年，全世界创建、捕获、复制和消耗的数据总量为 59 万亿 GB，具体来说就是，每天都会产生 5 亿条推文、2940 亿封电子邮件、400 万 GB 的 Facebook 数据、600 亿条WhatsApp 消息和 72 万个小时的 YouTube 新视频。这导致当下受众每天接收的信息远远超出互联网时代之前，形成了信息传播泛化的局面。

一、传播的生态环境：信息总体日趋海量、多元；传播距离愈加接近、紧密；传播通路日益聚合、叠加

网络传播除了带来信息量的巨大增加外，还带来了传播结构的深刻变化。一方面，信息共享和信源开放逐渐解构了专业的大众传媒机构主导的公共话语空间，并打破了传统媒体组织的限制和垄断，使媒介资源、信息资源、受众资源和环境资源共享的效率和效果都得到了巨大提高。另一方面，内容生产进入全民化、全组织化和社会化的时代，原有的科层制内容生产模式被打破，专业组织与非专业的个体和组织之间在合作和冲突之间实现了平衡和互动共产。

较之于大众传播时代的单向信息流动，网络传播带来的基于人际关系网络的信息流动使传播模式变得异常复杂却也更加紧密。米尔格拉姆（Milgram）在20 世纪 60 年代使用小世界实验模型进行推演，推断全球任意两个人之间的平均距离为 6（俗称六度分隔）。而在 2011 年年底，一项针对 Facebook 的 7 亿多活跃用户之间好友关系网络的研究表明，这一网络中两个人之间的平均距离仅为

4.74。人际距离的缩短不仅意味着人与人之间关系的接近，更意味着基于人际关系的传播的紧密。在地球一端发生的事件，经过社交网络的传播，会让地球另一端的网络用户在官方报道之前便已了解了事件的来龙去脉，真正使信息突破了时间和空间的限制。

随着5G、大数据、人工智能等技术的不断发展，社交机器人的广泛使用，原本社交网络中人与人之间的连接关系也逐渐掺杂进了机器的因素，而深度伪造技术带来的假冒伪造和虚假新闻问题则直接挑战了网络用户对信息和事件的认知。未来，随着8K、XR、区块链、物联网等技术的加入，具有深度媒介化性质的元宇宙时代即将到来。网络社会中的各种社会关系，传播形态、机制、法则和模式将面临着再一次根本性的重构。以往单通道的听觉、视觉信息将逐渐让位于多通道的复合感知信息，较之于当下已然复杂且让人真假难辨的网络传播环境而言，未来基于大数据、算法和场景的信息分发及身临其境式虚拟环境，将导致受众处于真正意义上虚拟网络世界之中，而信息量以几何倍数上升更是会将受众置于良莠不齐的信息漩涡之中，届时在那个真实与虚幻共存的元宇宙中，人类认知世界的模式势必发生巨大的改变。

二、从受众到用户：人在传播场域中的角色变化与认知能力的有限性

在由大众传播向网络传播变化的过程中，网络传播技术的进化也促使受众的人际特征发生了巨大的变化。网络的数字化传播、星状网络传播、多功能传播等技术特征促使人际间自由、平等、交互、实时和匿名传播成为可能。以往由社会精英把控的信息传播渠道逐渐让渡给了普通公民，网络结构呈现出了去中心化和大众化的趋势。这突出表现在，原本只能被动接收信息的受众，在保留了信息的接收者角色和使用者角色的同时，又承担起信息的生产者角色和传播者角色。网络全面的信息内容也使得受众能够在一定程度上逃脱媒体的议程设置而选择自己感兴趣的内容进行浏览、评论、转发和创作。其次，他们从延迟接收信息的受众变为能及时自主反馈信息的用户，使信息的发布与受众的及时反馈之间形成回

路，真正实现了传受者之间的信息双向甚至多向流动。

然而，互联网用户在获得网络信息传播带来的便利的同时，也面临着网络技术发展带来的问题。具体来说，在人人都是传播者的时代，网络中各种声音、各种观点的争鸣使得原本明确的信息变得模糊，别有企图的传播者会借网络的开放与共享"带节奏"、混淆视听，不明真相的用户在喧嚣的舆论场中开始怀疑自己的视听和认知。此外，网络中过度的信息和信息传播也给受众带来了极大的认知和精神负担。受众作为时间和精力有限的个体，他们接收、加工、存储信息的数量和能力（即认知资源）是有限的，因而这些超出受众所能消费和承受的信息在为受众提供一定便利的同时，也使他们感到了信息过载、信息冗杂带来的困扰，从而产生社交媒体倦怠，影响和损害他们的社会心态、决策能力等，甚至导致信息过载性抑郁。与此同时，随着元宇宙的不断推进和迭代，未来超脱于视听感知之外的、富含体验感、沉浸感的网络平行世界的信息将会以更丰富的场景、更多元的内容以及更猛烈的形式刺激受众，届时，受众接收到的信息量将会远远超出当前的量级。多通道、基于场景的信息分发、虚拟环境导致信息量急遽上升。与此同时，技术的进步也将推动网络传播结构进一步地去中心化，在这样的网络格局中，受众将不再是单纯的信息接受者，其赋权将不再仅仅停留在信息传播维度，而是能够切身参与整个系统的编辑与创建活动。届时，被极度赋能、赋权的受众将成为真正意义上的用户，对从信息内容制作到传播的全流程都将有极大的主动参与权，界时极富个性化的超量信息也将充斥整个网络社群。深度媒介化时代的到来给信息传播模式提供了更多可能，也给信息传播数量带来了挑战，同时也必将对受众的信息感知、选择、提取、加工和存储等认知能力提出了全新的挑战。

因此，如何使受众在海量信息中凭借有限的认知资源关注、选择并接收特定的信息，同时使传播者借助这些信息说服受众，进而使他们产生态度和行为上的改变，成了传播学未来发展中亟待解决的关键问题之一。为更好地解决这一关键问题，我们提出了认知争夺这一全新的概念，它是一个与媒介信息传播、传播技术进步及信息的心理认知密切相关的概念。全新的技术带来了全新的媒介传播途径和媒介信息体量，这也向受众提出了更高的认知要求。总而言之，认知争夺是网络中许多组织机构、平台等正在和即将面临的巨大挑战。

认知资源：信息过载下的大脑内部竞争

一、认知与认知科学

认识与把握认知的科学被称为认知科学（cognitive science）。1978 年的斯隆报告（Sloan Report）提出，认知科学是源自哲学、语言学、人类学、神经科学、人工智能和心理学这 6 个学科的科学，而 6 个学科之间两两关联共同构成了 11 个交叉学科（见图 5-2-1a），分别是控制论、神经语言学、神经心理学、认知过程仿真、计算语言学、心理语言学、心理学哲学、语言哲学、人类学语言学、认知人类学和脑进化。随后，津巴多（Zimbardo）等人提出，认知科学处于哲学、神经科学（脑科学）、语言学、认知心理学、计算机科学（人工智能）这 5 个学科的共同交汇之处（见图 5-2-1b）。概言之，认知科学可以从多学科角度和领域进行研究和分析，即某一认知科学现象可以从多个不同的角度和领域进行切入和分析，从而得到互为补充的观点、解释和结果。本书主要涉及认知心理学和神经科学（脑科学）这两个直接相关学科，此外，由于网络传播过程和行为所具有的群体性、社会性和人际关系属性等，社会学 / 社会认知也将被纳入本书的研究范畴。

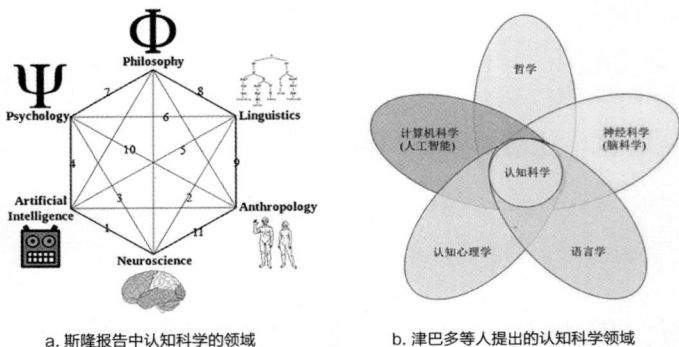

a. 斯隆报告中认知科学的领域   b. 津巴多等人提出的认知科学领域

图 5-2-1 认知科学的领域

心理学家莱希（Lahey）将认知定义为信息的获得、转化、贮存、提取等一系列的智慧过程。这一界定涉及认知的三个方面。首先，认知需要加工信息，即需要对原始信息进行获得、转换、保持和使用。其次，认知是一种主动的过程，在产生认知时，信息是人们通过感官获得的，并通过知觉和思维过程对其进行转换，借助记忆过程进行存储和提取，并在问题解决和语言中进行运用。最后，对于人类而言，认知是使其在物质世界中得以生存，并在社会世界中生活下去的一种有用的能力。根据认知的界定可以发现，认知这一概念在心理学中涉及的范畴非常广泛，从基本的知觉和注意到语言和记忆，从思维和问题解决到人工智能，都是认知心理学的研究领域。在受众接触信息并对其进行认知的过程中，知觉、注意、记忆、语言和思维都是受到刺激后能够即时发挥作用的心理过程。此外，由于网络技术的进步及互联网在当下传播中所起到的重要作用，人工智能及算法在人们认知网络信息的过程中也发挥着无可替代的作用。因此，在认知神经学中，上述这些过程都将被我们作为主要关注的影响因素进行考量和研究。

二、认知与认识、心智的区别

尽管认知体现在人类生活的方方面面，然而，日常生活中我们却不常使用这个词，取而代之的则是认识、心智等。需要注意的是，认知不同于认识。前者在《现代汉语词典》（第 7 版）中的解释为"通过思维活动认识、了解"；而认识的解释包括三个方面,其一为"能够确定某一人或事物是这个人或事物而不是别的",其二为"通过实践了解、掌握客观事物",其三为"人的头脑对客观世界的反映"。通过这里的解释可以发现,认识是一个相对通俗化、口语化的词汇,其包含的意义更多是基于客观世界中具体的人或事物。认知是必须借助思维活动来进行的认识,是认识在具体场景下的应用,是包含在认识范畴之内的更高级、更复杂的过程。心智是一个名词,意为"思考能力;智慧"。相较于认知而言,心智指的是人所具有的特点,而非思考或思维的特定过程。因此,认识、认知、心智是逐步递进、逐渐深化的过程,借助思维活动的认识是认知,而通过认知我们或许能够成为具备心智智慧的人。

三、认知资源的有限性

信息加工理论认为,人们对信息的过滤、控制、保持和加工的过程都需要消耗认知资源,而认知资源的有限性决定了个体可以同时处理信息的复杂程度和信息数量。出现信息过载后,信息就会相互争夺有限的加工资源,从而造成认知操作的困难。从信息负载(information load)和决策绩效(decision making performance)之间的关系角度来看,两者会呈倒 U 形关系(见图 5-2-2),即随着信息量从无到有,决策绩效呈逐渐上升趋势,并在信息负载时达到峰值。之后,随着信息量继续增加,决策绩效逐渐降低。

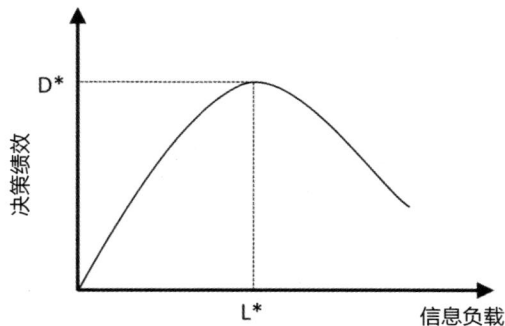

图 5-2-2　信息负载与决策绩效之间的关系

研究者通常从注意资源有限性和工作记忆资源有限性的角度探讨认知资源的有限性。前者通常用注意资源池（a pool of attentional resources）来形象地进行比喻，认为注意资源如同电池中的电量，而注意任务会消耗电量。执行任务的过程如同并联的电路，当电路中两个支路及以上的开关闭合时便会导致电池总电量（即资源）的分流。通常，注意资源一次只能用来执行一个任务，当任务难度较低时，个体通常还有多余资源可以用于其他任务；当任务难度较高时，个体的资源将会被其完全占据，从而导致没有多余的资源可以分配给其他任务。

工作记忆指的是一个容量有限的系统，该系统可以临时存储和处理用于理解、学习及推理等复杂任务所需的信息。基于工作记忆容量有限性的假设，有研究者提出了可以解释学习和工作绩效降低现象的认知负荷理论（cognitive load theory）。这一理论通过内在认知负荷（intrinsic cognitive load）、外在认知负荷（extraneous cognitive load）及相关认知负荷（germane cognitive load）来表示学生学习时工作记忆的信息负载。内在认知负荷是由学习材料的内在性质决定的，外在认知负荷是指学习材料的呈现方式或学生所需的活动，相关认知负荷反映的是分配到与学习相关的信息上的工作记忆资源。

四、认知争夺的定义

基于认知的理论阐释及人类认知资源有限的基本假设，我们提出了认知争夺这个概念，并将其定义为"传播环境中各类信息通过多种方式对个体有限的认知资源进行竞争式抢夺的行为"。

根据上述定义可以发现，这一概念的核心是信息对人类有限的认知资源的争夺，且其途径（如信息争夺资源的方式和渠道）是非常多样的。其中，信息可以通过视觉、听觉等感知觉方式以单通道或跨（感觉）通道的方式对受众施加刺激，以此争夺受众的注意资源，继而争夺其记忆资源。认知争夺的渠道较之方式而言则更为多样。在当下万物皆媒的环境中，认知争夺可谓"无处不在、无时不有"，它既可以表现为商业街上林立的广告牌，也可以表现为网页中突然闪现的视频，甚至可以表现为独树一帜的新闻标题。其实，任何地方只要存在信息，这些信息就会展开对人类认知资源的争夺。不过，由于当下媒介化的发展及信息量的指数式增长，认知争夺也变得愈发突显和激烈，而这一个本就过载的赛道将在未来真正意义上的全媒体时代面临更大的挑战。

第三节

影响程度和目的：对于认知争夺的分类

研究表明，信息的认知争夺的结果或影响程度不是完全相同的，这些结果取决于受众的社会背景、生活经历、外部事件、意识形态等，信息发布者的态度、目的、方法等，以及信息本身的呈现形式、内容等因素。因此，认知争夺可以从多个角度对认知争夺进行分层或分类，本书将从认知争夺对受众的影响程度及认知争夺的目的这两个角度来对其分层或分类。

一、基于对受众的影响程度的分层

根据认知争夺对受众的影响程度，可以将其分为三个层次。第一层为浅层争夺，主要表现为"经验认同"与否。该层次的争夺目标是受众的注意资源，激烈程度较低，主要通过简单的感知觉刺激或冲击性的标题引发受众的兴趣，从而获取受众的注意和流量。第二层是中度争夺，主要表现为"情感或关系认同"与否。该层次的激烈程度比第一层要高，主要通过具有冲击力的信息内容与形式诱发受众的喜悦、激动、悲愤等情绪与情感，这些情绪与情感能够激活受众的情绪记忆与对于自己在社会关系中的位置的感知，从而使他们更容易记住相关信息，由此实现对记忆资源的占领。受众完成对这些信息的加工后，这些信息一般会被工作记忆释放。然而，由于某些信息拥有特别的刺激形式或内容，所以它们有可能在加工工作结束后被受众转入长时记忆，并引导受众做出与该信息相关的行为，这便进入了认知争夺的第三层，也就是最深层意义上的争夺，即信息的深度记忆和加工导致受众做出与之相关的行为反应。例如，当前社交网络中对某些信息的点赞、转发，甚至去其他渠道挖掘更多的信息来证明或反驳该信息所含观点等，这些主要表现为"价值认同"与否——这些会使得原有信息从更深层次上实现对受众认知的占有（即认同）。

二、基于认知争夺的目的的分类

根据认知争夺的目的，可以将认知争夺分为流量争夺和动员争夺两类。流量争夺的目的就是简单地获取受众的注意资源从而得到流量，进而设置议题，整合人们的注意资源。其涉及的争夺形式和内容相对单纯，包括所有能够吸引受众注意力的形式、内容与场景设置等，信息传播者可以通过运用这些手段使受众能够将注意力从其他位置或信息转移到目标信息，进而促使受众点击、关注并引发热点聚焦。动员类认知争夺的目的是借助信息实现对受众的组织和动员。其涉及的形式和内容较为广泛、多样和复杂，涉及系统性的资源整合，包括但不限于情绪化、极端化、冲突化的内容，并借此引发受众之间的情绪、价值对立等问题，甚至有的信息传播者为了实现煽动受众情绪及动员受众的目的而肆意制作和传播虚假消息，从而实现其认知争夺背后更深层次的目的。

·结语·

总而言之，认知争夺是始终与信息相伴并在信息量指数级增长环境下横亘在人们面前的重要议题，此外，随着全世界范围内各国对于基于物理武器的热战的回避，国家、组织及地区之间的博弈也从原本基于信息的舆论战逐渐转为基于信息和受众心理的认知战，涉及认知的争夺和操纵的研究也已进入了国外军事和科学的研究框架之内。当下，在对外传播和政治传播领域都亟需与认知战相关议题的协同跟进和深入研究，并以此推动其具体应用。

第六章

实践维度：东方甄选的认知竞争策略

第一节

新场景：电商直播背后的人性化逻辑

2020 年被称为电商直播元年，直播卖货的营销能力吸引了各个领域的商家入场。艾媒资讯数据显示，2022 年移动电商的用户规模有望达到 8.69 亿人，占中国总人口的一半以上。直播行业体量虽大，但资源均集中在头部。2020 年之后，电商直播领域竞争进一步加大，导致带货场内马太效应加剧，主流媒体、企业家、明星等多元角色纷纷入局直播带货，成为行业新常态。与此同时，随着技术的发展，媒介可供性重塑了电商直播领域"人—货—场"的实践规则，强调货品的想象化、叙事化、社交化特征，从而为争夺消费者的注意力提供了新途径。这无疑使直播领域的竞争态势更加激烈、复杂。2021 年 12 月 28 日，新东方入局电商直播，推出直播带货新平台"东方甄选"。截至 2022 年 12 月 28 日，东方甄选已开通 6 个相关账号，粉丝总量突破 3600 万，总销量达 1825 万单。东方甄选在竞争激烈的电商直播领域开创了新风格，取得了令人瞩目的成就。剖析东方甄选如何占据用户有限的认知资源，是分析其成功的关键。

一、两个核心概念

（一）电商直播

电商直播的兴起引起了学界的关注。电商直播以人性化逻辑构建兼具临场感与便利性的消费场景，从而实现价值变现。

在主播层面，各个直播间不同的场景布设，形成了各自的舞台，主播成为该舞台场景下的表演者，通过选品及展示、讲解商品，降低观众的选择成本，并在商品上打上基于对主播认可的情感烙印，从而促进消费。

在主播与观众的互动层面，许多学者从互动仪式链理论的视角出发探讨主播和观众之间的互动关系与情感联结。在直播互动中主播是互动仪式的发起者和支配者，他们也是成功互动后情感能量的最大获益者。电商直播具有典型的娱乐性与情感性等方面的特征，它赋予了观众在社会中的存在感、信任与感知价值，给观众带来了情感价值与享乐体验。有学者将准社会关系理论引入对网络直播的研究，指出观众与主播的准社会关系与直播平台的使用意愿和满意度正相关，而满意度又与观众的持续使用意愿直接关联。电商直播间中的社会互动主要存在于主播与观众之间，而基于互动产生的情感体验（感知愉悦和感知唤醒）是导致观众冲动性购买的重要因素，也对观众的忠诚有积极影响。

拟剧化传播与场景传播也是直播间的重要属性。电商直播有鲜明的拟剧化营销特征，它延续了前区、后区、公众、印象管理、剧班 5 个关键性维度，传承了传统拟剧理论所强调的表演性，但也有所变化，如前区表演的同质性、后区的前置化、观众行动的一致性、印象管理的单极化、剧班组织边界的开放性等。电商直播场景实现了对线下场景的还原，打破了时间与空间的界限，营造出一种跨时空的虚拟在场景观，增强了观众的临场感与参与感。

粉丝运营对于主播的私域流量池的搭建至关重要。直播间的忠诚观众具有粉丝的特质。直播电商中主播与观众之间存在 4 种关系模式，在基于内容的"意见领袖—粉丝""偶像—粉丝"两种关系模式中，粉丝通常会作出许多基于情感的决策。主播会进行社群运营，以增强观众粘性，提高其复购率，培养自己的私域流量。

目前学界关于电商直播的研究以量化研究为主，而质性研究又以访谈法为主，参与式观察法的应用较少。同时个案研究也较少，既有个案研究的对象大部分为早期的主播。这些主播所采取的模式与东方甄选的模式又有所不同。本研究以东方甄选为研究对象，有利于延伸对电商直播的理解。

（二）认知争夺

认知争夺是传播环境中各类信息通过多种方式对个体有限的认知资源进行竞争式抢夺的行为，按照对用户的影响程度可以将其划分为三个层次，浅层争夺（经验认同）、中度争夺（情感或关系认同）以及行为层面的争夺。目前关于认知争夺的文献主要是从其出现原因及其本身的特质两方面进行研究的。在深度媒介化的微粒社会中，算法形塑了人们的短程记忆与浅化思维，人成为数据化的个体，社会的组织方式、价值观要素和思维环境都发生了变化，认知争夺的操作策略包括信息的传输及编码、解码这三方面。

当下关于认知争夺的研究主要关注概念本身，缺乏与具体社会现象相联系的研究，一些关于中美贸易战的研究提到了认知战概念，但认知战与认知争夺存在差异。本章将从认知争夺的视角出发，探讨东方甄选直播间成功的原因，以丰富学界的关于该现象与理论的研究。

二、研究方法

本研究主要采用参与式观察法。参与式观察是案例研究和质性研究的重要组成部分，最早由林德曼（Linderman）于 1974 年提出，指的是调查者参与到所研究的社会情景中，变成所研究群体中的一员，并用成员的眼光来了解被研究的社会群体，通过对研究对象的持续观察、系统记录，来获取其变化信息。2022年 12 月 25 日至 2023 年 1 月 10 日，研究人员对东方甄选的抖音官方直播间进行了参与式观察。

第二节

东方甄选的崛起：基于媒介可供性的认知争夺

直播购物作为一种数字文明时代的新消费模式，将实体与虚拟、线下与线上、购买与娱乐融合在一起，以打通并重新链接"人—货—场"的高效方式重塑消费者的消费理念，深刻地影响了整个电商营销行业，并作为一种布尔迪厄所言的"惯习"深度嵌入人们日常生活之中。在这之中，直播的同步、互动、全通道等媒介化逻辑特征得到了显著体现，对文化和社会进行了重构，从而促进了社会多样性和流动性，整个过程很好地体现了当下从简单地争夺注意力一步步到争夺用户认知与行动的发展态势。直播的媒介化逻辑特征主要建立在"技术可供性（affordance）形塑使用者共享的理解"的基础上。可供性理论强调人与技术之间的互构共生关系，从可供性出发，为以用户为中心的技术分析提供了一个有用的工具。因此下面本研究将从直播这一新型媒介所提供的功能支持（即可供性）出发，结合认知争夺的三个层次和影响机制（浅层争夺：争夺用户注意力以达到"经验认同"；中层争夺：争夺用户情感以达到"关系认同"；深层争夺：争夺用户认知以达到"价值认同"），探讨媒介可供性理论下直播场域"人—货—场"中的认知争夺策略路线。

一、浅层争夺：争夺用户注意力以达到"经验认同"

基于对用户的影响程度，认知争夺可以分为三个层次——浅层争夺、中层争夺与深层争夺。其中第一层为浅层争夺，争夺的目标是用户注意力，主要通过简单的感知觉刺激或冲击性的标题引发用户的兴趣，从而获取流量和用户的关注，以达到用户在经验层面上对其的认同。在场域中，这种对注意力的争夺在人、货、场中均有突出的体现与相关策略。

（一）多语言与宽知识打造"书香气"主播人设

在直播场域中，主播可谓是直播的灵魂，是最关键的消费意见领袖。那些爆火的直播间的最大特点就是它们都有风格非常鲜明的主播。由于介绍商品的话术和方式等本质都相差不大，所以主播的专业水平与素质其实是直播的下限，其新奇的、有特色的风格才是直播的上限。东方甄选直播间的"出圈"正是由于其主播——董宇辉通过散文化语言、多语言讲解商品所展现的出色口才与文化素养。直播间的其他主播也不例外，在介绍商品时他们经常使用具有学术感或专业背景的词汇且一般都能在两门以上语言中来回自由切换，如主播灿灿在介绍哈密瓜时就同时用英语和法语对"哈密瓜"这一词进行了讲解和教学；主播明明在介绍吹风机时将吹风机的开关和调节风力大小按钮解释成"手动物理滑动电阻器"，并分析了其背后的物理原理。东方甄选直播间的主播同时还会穿插介绍一些与商品有关的历史文化背景和故事，如主播在介绍椰青时就引出了诸葛亮所写的关于椰子和南国的文章，这些都令直播过程呈现出了浓厚的寓教于乐的学习氛围。另外，通过网上资讯，我们了解到，东方甄选直播间对于其主播的要求是大学本科及以上学历，至少流利掌握一门外语。由此可以看出，东方甄选将高学历作为其挑选主播的门槛，这体现了其未来长期的人才策略。这些主播利用自己过去作为新东方名师的身份与素养打造出了名师型主播这样一种新奇的、商业与文化混搭的"人设"和带货风格。在直播期间，这些主播随意抛出的几个相对复杂的专业词汇或外语词汇等就可以自动启动用户大脑的注意力机制，吸引用户留在直播间。

（二）价格刺激与话语策略直击用户痛点

远低于市场的售价向来是直播带货模式的王牌，并因此吸引了大量用户驻足甚至扎根于直播间中"蹲优惠"。在电商行业中，商家往往希望通过商品的物美价廉来击中消费者的最大痛点，这也是直播带货实现弯道超车的最大砝码。经过观察发现，主播们多会采用价格刺激等一系列话语策略去激发用户的消费需求和消费紧迫性，例如有表演性质的"捡漏"策略，在链接价格低于主播口播说的价格的情况下，直播间并不会下架相关商品或修改链接价格而是继续销售，并给出让用户赶快捡漏的优惠信息；库存不足策略，主播在讲解商品的话术中会不断强调已卖出多少单，还余下多少库存；价格刺激策略，先给出商品的市场价或之前的直播间价，再给出目前的优惠价，以此强调机不可失。这些话术和策略都在不断渲染着紧迫感，刺激着用户的消费欲望，从而让用户迅速做出下单行为。

（三）多感官通道营造沉浸感"大卖场"氛围

"场景"理论脱胎于戈夫曼的拟剧理论。在继承和发展了戈夫曼的拟剧理论和麦克卢汉的媒介理论后，梅罗维茨拓展了场景这个概念，认为媒介作为一种"社会场景"可以重建大范围场景，他还认为场景不仅包含空间意义，也包含由媒介信息所营造出来的环境氛围。在直播中，这种环境氛围起着非常重要的作用，多感官通道的技术可供性令直播的环境氛围具有很强的社会临场感。在东方甄选直播间里，这一点主要体现在其对于视觉和听觉的全面挖掘：视觉上，从直播间的环境场景布置到直播中镜头切换，再到评论区里用户的活跃发言和聊天，这一切都塑造出了很强的社会临场感；听觉上，主播吃喝，拆商品，和周围同事闲聊与沟通的各方位的各种声音都会被收录。在介绍食品饮料时，主播都会亲自拆开包装试吃试喝，他们吃喝时的表情会被特写镜头及时捕捉，其发出的"哧溜"声及与周围同事聊天时的隐隐约约的说笑声等共同催生了一种生动的、多层次的空间氛围，并由此形成了一种多感官的"热媒介"（麦克卢汉所言）及其基础上的"热场子"，这是一种具有沉浸感的大卖场的场景和氛围。

在直播场域中，直播具有的实时、高清、互动、全感官通道等技术可供性，令其在人、货、场三个维度中都能在第一时间瞬时抓住用户的注意力，并通过价格优惠等"硬通货"令注意力驻守其中，从而完成了认识的浅层争夺——令消费者对其实现"经验认同"。

二、中层争夺：建立情感联结以达到"关系认同"

随着电商体系逐渐成熟，用户规模渐趋饱和，流量获取成本越来越高。诉诸情感是获取流量的重要技巧，即进行情感层面的认知争夺。这一层认知争夺的强度较第一层更大，主要表现为情感认同或关系认同，通过具有冲击力的内容与形式诱发用户的情绪与情感，从而促使用户对诱发该情绪、情感的信息产生更好的记忆效果。这种争夺主要体现在主播、商品和场景三方面。

（一）个人叙事与故事讲述实现准社交关系

霍顿（Horton）和沃尔（Wall）认为，持续的媒介接触可以让观众像了解朋友一样了解媒介人物，这种了解的感觉可以使观众将媒介人物视为真实而亲密的存在，即建立准社交关系。这种关系具有一定的稳定性，有利于降低用户购买商品时所感知的风险，促进用户的购买行为。另外，不确定性降低理论表明，适当的自我披露等人际传播手段能够降低人际关系中的不确定性，有利于关系的建立。观察发现，主播们主要采用故事化叙事的手段进行自我披露，从而更好地建立与观众的准社交关系。

如主播在直播时与用户互动说："累死我了，大家猜我下班后要去干嘛？学习？哈哈，我要去睡觉！"下班后的活动是后台行为，主播将这种隐匿的、更真实的自我暴露于前台，以朋友的身份拉近与用户的距离，满足用户的好奇心。主播们还会通过讲自己家人的故事进行更深入的自我披露。在介绍吹风机产品时，主播讲起了自己妻子怀孕时的故事；在讲手口湿巾产品时，他谈到"我女儿越养越像一个水利工程，天天爱玩水，光脚在地板上当当当跑过来，当当当跑过去了，地板擦得再干净都没用，一会儿就得给她擦脚丫子"。这种采用霍克希尔德所言的深层表演（deepacting）的情感管理策略，对于具体的情感表达拥有很大的自由选择空间，根据互动适当唤醒和展示自己的情感，兼具表演性与真实性特征，使得故事更加生动可信。

电商直播所具有的感性化形式，削弱了人们的理性，蕴含了强大的情感力量。一方面，这些故事能够为评论区的讨论提供话题，例如评论区会反馈"同款娃，12岁了""小孩天生亲水性，羊水里出来的"，这种跨空间交流有利于关系的建立；另一方面，这些故事也在悄无声息中辅助销售，例如妻子的故事是为了说明电子产品的安全性，谈孩子爱玩水是强调产品的必要性。故事化叙事能够避免枯燥、生硬的营销信息传递方式，增强趣味性与人情味，而且有利于用户的情感认同向行为层面的转化，即增强用户的情感卷入以降低用户的不安全感和风险意识，从而提高用户的忠诚度。

评论区的反馈也证明主播与用户的准社交关系已经成功建立。"主播，早上好，又回北京啦？""主播上春晚，太开心了，好多年没看春晚，特别期待"……这种朋友间的寒暄、对话彰显了用户对主播的社会性认同。

（二）挖掘知识与象征价值，彰显商品情怀

东方甄选的主播都曾是课外辅导机构的授课老师，他们将不同学科的知识融入带货，进行知识性带货。同一产品可以用多种学科的知识加以介绍，这成为东方甄选的独有特色。例如在卖牛肋排时，一名主播讲起了牛魔王与红孩儿的故事，而另一名主播则介绍了牛排这个单词的词根。通过介绍相关故事或知识，主播为商品赋予了具有文化意义的符号价值。商品被打上符号的印记，被赋予某种符号意义，这种意义就是所谓的时尚，而时尚则是维持一个消费社会不断运转的"永动机"，当消费者追逐时尚的时候，其内心的欲望是无止境的。

主播向用户讲述高昌国向梁武帝进奉葡萄干的历史，为葡萄干增添了"贡品"的神圣色彩；用一段抒情的话语介绍蜜瓜，"我们又度过了平凡而幸福的一天，这就很好。就是这个蜜瓜，我管其他水果有没有爆汁什么的，我就是清甜，我就是这样，只有真正爱它的人才知道它内心有多么丰盛"，使蜜瓜具有"不随波逐流""独立自主"的人格特征；在介绍洗衣液时强调了它的包装，"你看它这个国风包装，国风，简约，符合年轻时尚的这种消费"。在消费社会中，我就是我所消费的东西，主播通过为商品精心设计意指系统，诱使消费者在追逐差异化身份的过程中不断进行消费。除此以外，主播还会唤起观众的集体记忆，为商品赋予怀旧的情怀价值。例如，在介绍奶糖时，主播用一句"你有多久没吃过金丝猴了？"唤起了用户的童年回忆，金丝猴奶糖承载着童年的召唤，因此具有更深层次的消费价值。

（三）社群运营培育粉丝群体

东方甄选不仅在抖音通过电商直播吸引流量，还通过微信社群运营来维系私域流量。社群运营的本质是场景化，就是利用场景创造话题，吸引用户，激活用户，转化用户再到留存用户。截至2023年1月，东方甄选共有132个群，估算有5万多群成员。群里会发布各种商品优惠信息，保证促销信息能够频繁触达用户。客服则负责回答用户关于订单的问题。东方甄选通过社群提升信息服务的质量，从而将用户沉淀为粉丝。

粉丝经济主要依托于社会网络中的关系与连接，比如粉丝之间的关系对其消费行为的影响甚巨。无论是直播间评论区中用户互动，还是社群里各成员一起拼单购物，感知到的他人的在场与对粉丝群体的归属感都能促进用户的消费。

三、深层争夺：深化用户的共同记忆以达到价值认同

比第二层关系认同更进一步的是价值认同，在这个层次上，用户不仅与主播建立准社交关系，更生发出一种对于品牌的强烈认同感、归属感，将品牌理念内化于心，且在评论区或其他场域自觉承担起"野生"品牌代言人的角色，并以此回复评论区提问甚至是回击不友好评论。观察发现，好几个场次里评论区里都出现义务帮助主播宣传近期活动（如"明晚抖音直播间访谈敬一丹"）、耐心主动回答其他用户的问题（如"发货问题找客服更快捷"）、发布下单提醒（如"东方甄选直播间购物车都已开价，可以直接拍，无套路"）、反击负面评论（如"不喜欢的可以去别家，别在这刷存在感"）等诸如此类的"自来水"用户群体发言。这些实际上体现了用户深深认同品牌所宣传秉持的价值观，而这一点的达成依然与直播场域的人、货、场的媒介可供性密不可分。

（一）刻画中间地带半公半私的混合交往角色

梅罗维茨在论述场景理论时还提出了一个"中间地带"的概念，认为在中介化场景中出现一种新型的半公半私的互动形式，从而形成了一种混合公共行为和私人行为的角色。直播无疑就是一种典型的技术可供性基础上的新型中介化场景，而建立在这种中介化场景上的交往互动也就带有了半公半私的特点，主播通过自我披露和人设塑造与用户形成一种准社交关系就是其重要体现。主播与用户的关系既不是私密的一对一的关系，也不是完全开放的多对多的关系，而是介于其中的、半开放的一对多的关系，也就是其兼有公共性和私人性的本质性特征。与此同时，由于主播是唯一站在聚光灯下的"前台"，因此成为直播间进行自我披露的主体；其他用户则存在并显现于一个相对隐蔽的"后台"——评论区，因此对于用户来说，和主播的交往是安全的、舒服的。另外，主播通过介绍商品这一公共行为结合自我披露与个人叙事这一私人行为使得这样的交往对用户来说又是为我所用的。于是这样中间地带的公私混合的交往既是轻松愉悦的，又是高效实用的。既可以满足用户购买商品的硬需求，又可以满足其唠嗑陪伴的软需求，而东方甄选无疑将主播这样一个交往角色刻画、拿捏得非常出色。在直播过程

中，每一个主播在介绍让自己有所感触的商品时往往会讲一些自己亲身经历过的小事——或是父母做过的菜、或是自己去过的有趣的地方、或是上学、上班期间发生的趣事、或是自己对家乡的怀念，将个人叙事与带货的商业叙事两种叙事逻辑巧妙结合起来，且这种个人叙事的隐私度刚刚好——既不会因没有隐私披露而具有距离感，又不会因隐私披露过度给用户带来社交和心理负担。

（二）商品文化内涵展演形塑用户"认同式"消费

在现代社会，社会的中心逐渐从生产转变为消费。消费从一个边缘角色转变为如今社会和文化中的主角，中国也不例外。因此消费社会学的"消费的行为"（侧重可操作化的消费者购买行为及影响这种行为的社会学因素）、"消费的生产"（侧重消费方式产生的政治、经济和社会制度环境）和"消费的文化"（侧重消费的符号意义、文化建构和感受过程）三个范式，为我们理解东方甄选如何令其用户达成深层次的价值认同中的"货"的逻辑提供了分析视角。

消费社会学认为，消费与认同之间存在深刻的关系——消费既是用于建构认同的"原材料"，又是表达认同的符号和象征。如同弗里德曼所说："在世界系统范围内的消费总是对认同的消费。"人们之所以坚定地选择购买某种商品，其实不仅仅在于商品本身，还在于商品背后的可以建构消费者认同的带有符号和象征意义的"价值观"等内涵。东方甄选对于商品的展演恰好满足了用户这样一种更深层次的需求。直播间中，主播无论是通过教外语单词的发音，介绍商品功能背后的物理、化学、生物、地理等学科专业知识，讲解保证商品品质足够优秀的气候土壤等种种原因，讲述商品相关的名篇名句或名人轶事，还是介绍商品的同时向大家推荐自己最近读过的一些优秀书籍、纪录片等，都属于赋予商品文化内涵的展演策略和过程。对于商品来说，通过这些举措，它们的价值就从实用的经济方面拓展到"高尚""有料""有趣"的文化方面，从而引发用户认同。东方甄选直播间中，经常可以看到有用户在评论区呼吁主播少讲商品，多讲书，多分享文化知识："老师还是讲课吧，我们自己拍""花点时间讲讲知识聊聊书，特色要保持啊""有什么纪录片推荐吗"……在每次主播介绍与商品相关的知识时，总是有许多用户发出夸赞："听您直播感觉像讲书，像课堂""这个片段有人录下来了，说得太好了"……由此可以看出，很多用户非常看重东方甄选的文化氛围，甚至抱着一种听课的学习态度去录屏、反复观看。研究者还发现，Bilibili 上有不少在东方甄选直播当天更新的对某一个主播的完整直播过程的录屏，还分为"有评论"和"无评论纯享"两个版本。这说明，对用户来看，观看东方甄选直播间、购买东方甄选商品成了一种缓解、抚平文化焦虑、生活焦虑的途径。贴合消费者的认同框架，令用户对其商品产生价值认同，这进一步使用户拥有了某种消费边界。这条边界会越来越清晰，并促成更多的再生性持续性消费行为，进一步强化用户的价值认同，完成用户沉淀。

（三）用户的"在场"与"归档"打造"媒介化世界"

媒介化理论的代表人物尼克·库尔德利在《现实的中介化建构》中提出，媒介与人、媒介与社会存在深刻的双向、辩证关系，并认为社会从根本上与媒介交织在一起。他把社会与媒介这种关系称为型构（figuration），把这种影响称为媒介化，"把'型构'作为分析中观层面的'媒介化世界'的概念工具"，并基于此去把握宏观层面的媒介化。直播建立在音视频采集编码、流媒体传输、内容分发网络（Content Delivery Network，CDN）、5G 通信等多种技术基础之上，由其所搭建的直播场域自然也是一种媒介化世界。直播受到媒介技术逻辑的深刻影响，其中影响最大的就是时间逻辑和空间逻辑。空间逻辑指的是在实时、高清、互动的技术可供性下用户之间、用户与主播之间可以实现一种彼此共在的心理在场；时间逻辑指的是直播的核心特点——实时性，无剪辑、无切换，无论你在何地，只要你进入直播间就可"享用"同一个时间。空间逻辑令消费者"可以随时移动、调整或转换所在的虚拟消费情境，通过'在场'不断管理自己与他人在消费空间的关系"，而时间逻辑则使得消费者在时间流程中与他人一道在场，即归档，突出了消费者的公共参与性和在数字消费空间中维持存在的显著特征。这种媒介技术可供性带来的消费者的在场与归档垒建了媒介化世界——直播场域。与此同时，这种在场与归档使得用户之间、用户与主播之间形成了一个数字共同体，用户通过在直播间的同一时空与其他用户下单的消费行为与他人同在，完成社群沉淀与留存，进而进一步为媒介化世界添砖加瓦，在这样一个相对封闭的小世界中用户同享一片时空、一个价值观，这也是在"场"这个维度上东方甄选能够实现让用户产生价值认同的基础。

·结语·

在信息日趋海量、多元，传播者愈加接近、紧密，传播通路日益聚合、叠加，传播的用户变为用户的传播背景下，各类媒体对用户的争夺从较为简单的浅层的注意资源、议程和结构的争夺转变为对其认知及进一步行为引导的的争夺，这是目前网络传播中所有组织、平台、媒体面临的挑战，当下的平台经济代表——直播场域中也不例外。因此对于直播平台和商家而言，如何争夺用户的认知资源已成为新时代获得流量继而获取利益的重要路径。

我们认为，在当下的直播场域中已有成功的直播商家实践了这样的路径，或者说其爆火和成功的背后体现了认知争夺的策略意涵，东方甄选的"异军突起"就是如此。因此本研究使用参与式观察法，以媒介可供性视角及认知争夺的三层影响机制——浅层争夺、中层争夺、深层争夺为观察和论述逻辑，对东方甄选中的"人—货—场"三个维度进行了观察与分析。我们发现，东方甄选在浅层争夺上通过打造"书香气"的主播人设、利用价格刺激等话语策略直击用户痛点、多感官设计营造的大卖场氛围来实现用户对其的经验认同；在中层争夺上通过主播的个人叙事建立与用户的准社交关系、商品展演注入的情怀、社群运营令消费者累积的社会资本来实现用户对其的关系认同；在深层争夺上通过刻画主播位于中间地带的半公半私的混合交往角色、展演商品文化内涵形塑的消费者认同式消费、在场与归档打造的媒介化世界来实现用户对其的价值认同。如此一层一层递进，由浅入深，东方甄选就完成了对用户的认知争夺，从而实现了直播间用户的大量留存与沉淀，培养了较为稳定、对品牌具有高认同感的粉丝型消费群体。正是由于如上措施，东方甄选才实现了一夜爆红。

东方甄选虽然只是一个个例，但是其成功经验是可以被学习、复制的，在此也为当下的直播行业尤其是商家提供几个策略上的建议：第一是要重视主播独特人设的打造、直播现场明快氛围的布置与物美价廉商品的供应，如此才能第一时间在直播间的"汪洋大海"中吸引用户的注意并促使其停留；第二是要重视通过良好互动打造主播与用户的"准社交关系"、带货时注入情感和情怀，并进行社群运营，这样用户才能从在直播间"停留"升级为"留存"，从而稳定消费群体；第三是要重视用户与主播社交关系的"度"（不可太近也不可太远，而要位于刚刚好的中间地带），还要注重阐释商品背后的文化理念以吸引价值观相同的用户进行认同式消费，如此才能令用户从在直播间的"留存"升级为"驻扎"，从而形成用户沉淀。

如何将当下较新的认知争夺的理论范式运用于直播带货领域，我们的研究对此提供了一些补充，并为今后学界研究直播带货提供一个新的理论视角。不过，由于完成周期较短，本研究对东方甄选直播间的田野观察时间偏短，导致田野材料不够细致完整，且由于个案研究在样本代表性方面天然地存在有限性，因此本研究的结论在推广性方面受到了一定限制。另外，本研究是从观察者视角出发通过用户在评论区的发言分析其行为和心理特征，缺失作为直播场域重要主体的用户和主播的第一视角，未来的相关研究可以结合参与式观察法和访谈法来获得更全面、更准确的研究视角。同时，对于直播场域内"人—货—场"对用户的认同的影响机制，也可以基于认知神经传播学等交叉学科的实证研究方法来验证、补充相关研究。

·附录·

田野观察类目表

东方甄选田野观察类目表			
主播	外在装扮		衣服
			发型
	语言		重要用词
			口头禅
			语言属性（外语 / 方言）
			语言风格
	卖货		单品时长
			话语策略
			介绍风格
	人物背景		家乡
			前职业
			婚育情况
	其他		
场景	布景		
	氛围		评论区氛围
			直播间氛围
	感官		
消费（评论区 / 社群）	所问问题		
	对主播的评价看法		
	购买量		
	其他行为		刷屏
			点赞
互动	主播和其他工作人员的互动		
	主播和用户的互动		
	用户和用户的互动		

第七章

运行维度：认知竞争的三个层次

互联网媒介的迅猛发展带来了巨大的信息量，然而人的信息加工能力是有限的。二者之间的这种结构性的张力就导致了传播过程中各种信息发出者对信息接收者的信息加工能力进行竞争，由此产生了认知竞争这个概念。认知竞争，又被称为认知争夺，是指传播环境中各类信息通过多种方式对个体有限的认知资源进行竞争式抢夺的行为。认知竞争不仅发生在个体层面，也发生在媒介和社会的层面，因此本书尝试从个体、媒介、社会三个视角对认知竞争的概念进行梳理和分析，并提出考察这一概念及其运行机制的一些实证方案。

第一节

个体层次：认知竞争的个体心理基础

早在 20 世纪 50 年代中期，认知革命的发生就否定了传统的基于"刺激—反应"模型的行为主义观点，重新把心理表征和内部信息加工的观点带回科学的视野，由此产生了以心理学、语言学、哲学、人类学、神经科学和人工智能为主要来源的认知科学这一交叉学科。到了 20 世纪 70 年代，认知科学作为一个学科已经基本确立下来，并且对传播学也产生了极大的影响。例如议程设置理论的发展，使得传统的传播效果研究从态度转向了认知；使用与满足理论，则把受众当作具有目的、需要、动机和预期的人，具备主动的信息加工能力，而大众媒介则是信息的提供者。可以说，在真实的传播环境中，信息的接受者是一个个真实存在的人，而每个人都对信息具有加工能力，这已经成为当今的主流观点。

然而在千万年的演化过程中，信息加工的物质基础——人脑，却始终面临加工能力的限制。在演化的每一个阶段，智人都必须适应周围的险恶环境，从中生存下来并且成功繁衍，他们因此面临着巨大的演化压力，需要面对和加工日益复杂且多样的信息。那么，智人该如何应对这种压力呢？一种策略是演化出能够同时处理大量信息并且容量庞大的大脑，但其代价就是消耗庞大的生存资源来维持这个巨大系统，其最终结果就是难以为继。另一种策略则是演化出容量和加工能力不是那么庞大，但是处理信息非常迅速且具备信息选择和关注的机制的系统，使得大脑能够高效率地同步处理大量信息，并且迅速地做出反应。这种具备信息选择和关注的机制，就是注意机制。换句话说，注意为容量有限的信息处理系统（大脑）必须具备的选择机制，这种机制可以在容量有限而又企图对所有信息进行同步处理时，不至于造成系统瘫痪甚至崩溃。

1973 年，丹尼尔·卡尼曼（Daniel Kahneman）在《注意与努力》一书中提出了资源限制理论，又称为资源分配理论或者有限容量理论。该理论正是上述思想的集中反映，把注意看作一种心智资源，而这种心智资源的总量是有限的，注意的功能就在于对这些心智资源进行分配。然而这种有限性是相对的，它与唤醒（arousal）连结在一起，在某段时间内，唤醒水平将决定注意的心智资源总量。各种唤醒的来源，如情绪、药物、肌肉紧张、强刺激等会影响心智资源的分配方案。除此之外，心智资源分配方案还要受制于唤醒因素可利用的能量、当前的意愿、对完成作业所要求资源的评价及个人的长期意向。在这些因素作用下，所实现的分配方案就体现着注意的选择。由于注意并不是一种独立的心理过程，而是感觉、知觉、记忆、思维、想象、情绪、意志等心理过程存在的共同现象，因此在其他认知过程乃至社会认知过程中都会起到重要作用。孤立的注意是不存在的，它只是认知过程的一种状态。因此，加工能力的有限性其实是人类心理活动的一个普遍特性了，例如在信息的感知（形成信息的表征）、工作记忆（对信息表征进行操作和加工）、长时记忆（信息表征的存储和提取、形成竞争效果）诸环节中，这种有限性构成了一个贯穿始终的线索。一定程度上也可以说，认知竞争的基础和切入点，就在于以注意和工作记忆为代表的认知加工能力的有限性，这是认知竞争的一种心理机制。

在社会认知领域，这种加工能力的有限性也表现的很明显。所谓社会认知，是指人们对自己和他人进行判断、理解和评价的过程，主要包括态度、动机和情绪、类属性思维（stereotypes）、社会知觉、社会归因、社会认同和群体关系等。一方面，社会认知的形成有赖于认知启发式（cognitive heuristics）的使用；另一方面，人们为了明显地区分"我们"（内群体）和"他们"（外群体），以及描述不同的"他们"，逐渐演化出了类属性思维这一认知工具。

认知启发式是一种解决问题的捷径，是在因追求外部信息而产生的压力下，人们将复杂、模糊的信息缩减为更有益于自身做出判断的简单信息的社会认知过程。人们通常采用四种认知启发式，即代表性策略、可及性策略、模拟策略以及锚定和调整策略。通过这些策略的使用，人们能够利用有限的加工能力迅速提取出存储于长时记忆的复杂知识结构中的有效信息，以适应和理解当前的社会情境。类属性思维也被翻译为"刻板印象"，就其本意而言，它是对社会群体和社会阶层的特征所做出的归纳和总结，是相当简单、僵化、粗糙和不完善的。虽然类属性思维的结果有一些是不正确的，甚至会导致歧视的产生，但是，由于人们的信息加工能力的有限性，而在生存的压力下又需要迅速做出适应性行为，所以这种思维又具有一定的合理性和必然性。类属性思维和态度有密切的关系，但又非态度，它属于态度中的认知成分。需要注意的是，类属性思维和态度的情绪成分"偏见"（prejudice）、行为倾向成分"歧视"（discrimination）并不一样，后两者具有比较明显的负面意义，但是类属性思维本身并不必然是消极的，如"中国学生的数学能力都很优秀"就是典型的类属性思维，但它是具有积极意义的。在认知竞争形成的过程中，认知启发式和类属性思维发挥着核心的作用，一方面它们是受众辨识所属群体、不同信息源划分舆论阵营的重要工具，另一方面是调动受众的社会认同和情绪反应的重要线索。

认知竞争的另一种心理基础就是信息的自动加工机制，它与信息加工能力的有限性密切相关。信息的自动加工是相对于控制加工而言的，控制加工一般指需要应用注意资源的加工，其容量有限，主要针对变化着的环境，是受人有意识地控制的。自动加工则不受人控制，无需应用注意资源，也没有容量限制，但是一经形成就很难改变。它一般具有四个方面的特征：出现时意识不到，即内隐的，不可避免；没有容量限制；高度有效性；难以改变。作为认知竞争重要类型的"情感或关系认同"式竞争，往往就和自动加工交织在一起，因为在大部分情境之下，情绪反应的发生往往就是一种自动化的反应，而且情绪本身也是前面所述的唤醒机制的重要组成部分，它会压缩控制加工的容量，使加工能力的有限性显得更加突出。

除了加工能力的有限性之外，社会认同理论（social identity theory）的提出者泰弗尔（Tajfel）和特纳（Turner）认为，群体成员试图将自己所属的群体（内群体）区别于其他群体（外群体），并主动保护群体之间的差异，以便提高或获得一个有利于自己的群体成员的良好而积极的社会形象。社会认同意味着，一个人意识到自己是某社会群体的一员，而这个社会群体对它的成员在价值观和情感方面都具有重要的社会和文化意义。群体成员的身份将影响成员的观点和行为，社会的相互作用同样会影响该成员的自我意识。通过适当的群体之间的比较，人们可以得到正面而良好的社会认同。社会认同对于分享群体情感、促成群体目标、建构群体关系、凝聚群体共识方面具有重要的作用。由于社会认同的这种中介性质，它在个体信息加工机制和动员群体行动之间起到了一个传导或者桥梁的作用。

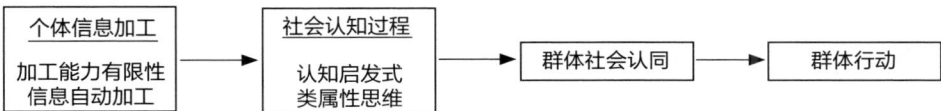

图 7-1-1　认知竞争的个体心理基础

在个体心理层面，认知竞争的发生正是基于千万年以来人类演化所产生的信息加工机制。这种信息加工机制具有加工能力有限性的先天特性。为了弥补这些有限性，人们的信息加工系统具有控制加工和自动加工两套机制，以便在不同的社会情境下进行灵活的工作，以应对纷繁复杂的信息环境所带来的生存压力。这些信息加工机制在与他人互动的过程中逐渐形成了类属性思维的认知工具和认知启发式的思维策略，由此构成了认知竞争的心理基础，并成了认知竞争的必要条件。当多个信源出现时，人们必然只会关注有限的信息。在多元的媒介环境下，只有那些能够满足用户认知需求、唤起用户情感共鸣、重构用户关系表达的信息才会成为认知竞争的胜出者。也就是说，谁擅长关于情感的、关系的内容表达，谁就会成为社会沟通、社会共识达成领域的引领者和长袖善舞的意见领袖。

第二节

媒介层次：认知竞争的主要表现和发生场域

认知竞争作为一种普遍存在的人性特征，对传播学的诸多分支领域有着较强的整合能力。我们在互联网媒介场景下发现的很多现象和规律，其实都有着认知竞争的影子，是认知竞争的具体表现，同时，媒介环境作为认知竞争赖以生存的土壤，也是认知市场的实际载体。

首先，在深度媒介化时代，媒介嵌入日常生活与信息流通过程中，为认知竞争提供了复媒体环境。媒介环境不仅为认知竞争提供了发生和发展的环境和平台，也成为参与个体和群体认知竞争作用的中介物和催化剂。当前媒介业已进入深度媒介化的发展格局，全新的传播关系正在深刻地重构着以往的各种社会关系，新一代信息技术对社会中相对无权的个体和群体的赋权超越了以往任何一个时代，传播技术的发展与传播工具的普及为人们自主甚至自动接触、搜集和传播信息提供了极大的便利。在深度媒介化社会，公众对于媒介事件的展演和记忆面临着巨大的挑战，对于个体认知和印象的争夺与占领，弥散在不同媒介类型、平台和场域之间，而个体认知又进而成为集体记忆和公共话语形成的起始和基础。

复媒体环境下，认知竞争的关键客体，即作为网络原住民的数字一代，已然成为在各个平台、社群、圈层内外穿梭、迁移和摇摆的数字流动群体。有研究发现，个体在复媒体环境中的体验，影响着媒介平台和类型的选择、生活变迁与文化适应。而人们对于媒介平台和类型的选择，很大程度上来自于认知的需求。我们之所以在某些信息渠道中而不是另一些渠道中投入较多的注意力资源，或者是否选择多样化的信息渠道以丰富信息的边界，取决于个体的认知结构，以及其与媒介框架的适配程度。因此，在深度媒介化时代，认知竞争来自于复媒体环境的场域特征；媒介场域认知竞争的根本核心与起始点就在于，外部环境中媒介的信息可供性是否能够满足和匹配个体的认知需求。

其次，在情感转向时代，以情动人、情感治理成为媒介场域影响认知竞争的非理性因素。情感因素和情感争夺内生性地嵌套于认知竞争的过程机制之中。现代社会的风险性与不确定性，加速了个体和社群负面情绪的生成与传播，并伴随着认知的失真与无序。在后真相时代，个体处在被构建的拟态世界之中，情感先于事实，客观事实、主观事实及噪音共同构成了事实，有关真相和与真相相关的各种宣称之间互相混淆，影响着受众对信息内容的认知、感知可信度和感知有用性的判断。传统的理性人假设在当下的后真相媒介环境中不再适用，在治理领域，"从情感涣散到情感回归、从负面情绪到情感重塑"的情感治理已然成为共识；非理性因素驱动的"短链思考"和理性因素驱动的"长链思考"相互协同，共同达成社会合意。

在媒介场域，情感推动舆论传播、形成道德规范、引导网络抗争，情感转向的根本意义还是回归人的价值，"使得社会科学研究中的机器人形象变得有生气"。情绪这一关键要素与受众的认知密不可分，情感在受众对信息进行认知加工和决策的过程中起到了重要的作用，其影响不亚于信息本身。认知竞争中的情感因素的重新发现，有助于我们重新认识人与媒介技术的关系，以及非理性因素在此过程中的影响机制。由此来看，认知竞争本质上就是对于受众注意力的争夺，最终的目的依然在于人心的凝聚、达成社会意见的最大公约数，而这其中情感/理性及超越二元视野的考量，就成为公共协商过程中不可或缺的要素。

再次，在泛众化传播时代，认知竞争表现为"破圈"传播和社群的自组织与再组织。传播格局的改变使得传统主流媒介的"压舱石作用"式微，社交媒介的圈层日益同质化、封闭化，个体的个性化表达退回圈层内部，圈层之间的阻碍和隔阂引起偏见甚至冲突。认知竞争的重要任务在于对认知冲突和错误认知进行干预和纠偏。技术、资本与政府规制这三种力量，共同构成了虚拟空间圈层之外的"他组织群"，具有增量和规制性的功能。不过，值得注意的是，认知竞争和认知干预的有效手段，并非完全依靠强势认知的自上而下的简单植入，同样还要依靠自下而上的开放交流、公共协商和创新协同，形成自主性驱动的模式、形态和结构，寻求信息破圈传播的出口，促进自组织系统涌现的发生，从而最终达到一种可持续、可调节、阶段性稳定状态的新的认知动态均衡。

未来，复杂性范式将成为认知竞争与社群传播的参考依据，促使圈层传播中多元主体的协同参与、圈层内外自组织和他组织的双向嵌入，促进圈层与组织超越自身的封闭性和局限性，完成再组织化的过程，形成认知市场上的信息和意见自由流动。认知竞争得以存在的媒介环境，可以看作是一个多元信息相互竞争的市场，即认知市场。认知市场不同于观点市场，原因有三：首先，并非所有的信息都可以进入这个市场，并非所有的认知都能够被所有的受众觉察到。哪些信息可以进入这个市场，取决于其本身是否能够获得受众的关注，即是否具备参与竞争的能力，换言之，是否能够进入受众的感知阈限；其次，并非所有的信息都是理性的，作为一个重要的传播要素，非理性具有其合理性和必要性。在认知市场中，当越来越多的人关注并相信某一叙事时，他们的行为就会引发共振，共同喊出一个口号、共同攻击一个对象、共同挥舞一个标签、共同相信一个叙事，这种同质、同步的符号表征，能够迅速生成一股强大的力量，这是认知竞争的重要特征；最后，认知竞争并非是自由而充分的，那些更具有传播力和吸引力的，更能够唤醒用户、引发其情感共鸣的信息，和关系赋权能力更强的平台，将会形成更大的声音和夺取更多的注意资源，在众多的垂直领域中，这种集聚效应会促成"赢家通吃"的局面。

最后，在关系赋权时代，算法媒介为认知竞争提供了重要的助推器和赋权工具。算法媒介具有较强的赋权属性，它能够给受众提供更多的话语表达空间，让受众从传播过程的接受者变成传播者，并在一定程度上从传播权力、传播内容、传播渠道、传播方式等维度解构主流意识形态话语权威，消弭主流意识形态话语传播效力。算法这一信息和受众之间的新中介，正发挥着隐形把关人的作用。凭借着分类、筛选、优先、过滤等模式，各种算法决定着展示在个体面前的信息，从购物推荐、资讯推送到搜索结果排序，均是数据分析和算法运行的成果——乃至于"我们是谁""我们相信什么""我们会做什么"等事实也取决于此。作为网络社会基础机构的一部分，算法正重新构建着个体间、社会资源间的关系网络。然而更为重要的是，算法媒介被少数平台或者一些非国家行为体所有，而这些平台的角色更为多元，它们不仅是科技巨头，也是舆论的意见领袖、资本的所有者和参与地缘政治博弈的重要力量。因此，它们也是参与认知竞争的重要行为主体，甚至可以作为一股地缘政治势力越来越多地参与国家间的纠纷与冲突，其所展现的惊人破坏力一定程度上重塑了公众对于商业公司权力边界的认知。

例如，社交机器人就是在线社交网络中模拟人类用户，自主运行、自动生产发布内容的算法智能体。有研究发现，在北京冬奥会之前，有近四分之一与北京冬奥会相关的推文是由社交机器人生产；机器人用户倾向于关注冬奥会相关的负面话题，多持反对冬奥会的态度；人类与机器人的网络议程显著相关，存在网络议程设置效果，这说明社交机器人可能已经具备操纵舆论的能力。更典型的事件则来自国际冲突，它所引发的数字冷战打破了所谓科技无国界的神话，极大地改变了国际政治权力的构成和运行过程。在国际冲突中，以算法为基础的社交机器人参与程度很高。它们正在成为影响舆论的重要因素，通过传播虚假信息、营造虚假气氛、与更多人建立关系等手段操纵舆论。冲突双方主要以这样几种方式参与认知竞争。首先，社交机器人通过推动标签活动在社交媒体上制造热点，通过转发放大议题声量，通过重复推送相同内容扩大关注度，通过集体行动形成较强网络连接，甚至利用标签劫持来散布与标签主题无关的活动，以此干扰或者占有原标签，以及用负面评论淹没原主题。其次，社交机器人会利用意见领袖进行舆论干预，通过已有意见领袖的参与和打造新的意见领袖，在短时间内聚集大量追随者，成功吸引公众注意力，引发大规模的互动，甚至会在竞争过程中还会采用不同的叙事策略进行直接对抗。

社会层次：认知竞争的演化过程和潜在影响

　　作为信息加工主体的个人并不是孤立存在的。人们依靠相互之间的信息交流，形成共同的想象和期望，然后才能够形成群体，而媒介在其中充当了关键角色。在当前的媒介环境下，信息的交流更加扁平化，"平台＋趣缘"的组合已经形成了一种全新的社会组织方式。互联网对个体的关系赋权使其成为了一个个超级个体，被空前赋权的超级个体是流动的、是产销者、是自门户、是互释人，由此使社会的结构发生了显著的变化。因此我们必须进一步思考认知竞争会带来哪些潜在的影响，是否会形成新的风险点；是否会对受众的心理安全产生冲击；有没有可以进行干预、调节和治理的有限手段……这些问题已经摆在了我们面前。

　　认知竞争对于社会的分化和重组起到了重要的推动作用。其主要表现不仅在于认知竞争打破了原有的社会组织形式，还在于它建构新的社会组织形式，是一种从自组织走向再组织的演化过程。在传统的科层制社会里，社会内部各组织之间分工明确、边界清晰，权利和责任都有相应规定，其职能依靠指令系统产生并发挥作用。媒介组织在其中处于较为边缘的地位，扮演着一个"宣传队"的作用；然而，在移动互联网技术普及后，受众被空前赋权，就使得受众需求不断快速演进，媒介行为不断突变。媒介组织已经成为一个中心角色和组织者，是新社会形态的建构者，诸如"互联网＋商务""互联网＋金融""互联网＋教育""互联网＋政务""互联网＋农业"等概念层出不穷。在这样一种"连接一切"的深度媒介化社会里，受众已经分化为各个媒介平台的用户，并且根据其兴趣爱好、思想观点、情感体验等诸多因素被重新连接为一个个较为独立的社交群体，从而形成了一种新的以深度媒介化为特征的社会组织形态。媒介平台为了增加用户黏性，争夺有限的用户注意资源，就有意、无意地采用各种策略增加自身对用户的"认知触达"，从而使认知竞争无时无刻不发挥着作用。这会产生两个方面的影响：在积极方面，媒介平台可以动员自身所具有的一切力量，激发自身的互动性和创造力，促进技术的进步并充分地介入认知市场，使资源的分配效率尽可能达到最大化，使用户的多样化需求得到满足，并且尽可能发挥出核心优势，参与国际竞争，有利于推动"国内大循环、国内国际双循环"的产业繁荣；在消极方面，媒介平台也可能出现资本的无秩、过度扩张，导致用户行为"饭圈化"，以及前面所述的认知市场上的种种现象，诸如虚假信息的泛滥等，有可能放大社会中的非理性传播的影响。

从更广阔的视角来看，在历史上也不乏认知竞争的经典案例。例如心理战、舆论战和认知战这些概念的发展历程，就其本质而言，都可以看作是认知竞争的一些较为极端的对抗形式。不同民族、国家和文明之间的交流与融合，则可以看作是认知竞争中的共识形式的表现。这其中一些基于想象形成的共同体和共同叙事，建构起群体内的社会认同，并最终在诸多认知观点的竞争之中胜出，从而起到了推动社会演化的作用。例如在广大亚洲、非洲和南美洲的发展中国家，"第三世界"理论促进了各国之间的友好交流，并共同致力于维护民族独立和国家主权，以及反对侵略战争和殖民主义，保卫世界和平等。因此可以说，认知竞争是促进社会分化和重构、自组织和再组织的重要推动力。不同的信息相互争夺人们的关注，其胜出者会最终影响社会的主流观点形成，并参与意识形态的塑造过程。人们在认知竞争过程中相互标识身份、建构认同、彼此分化、极化冲突、重构信任和沟通融合，促成了社会互动的多种形式。其关键的要点就在于起主导地位的认知是何种属性的，以及是如何影响人们心智的。

·结语·

认知竞争作为一种重要的信息加工机制、一种重要的媒介现象，一种推动社会演化的动力，其未来也有着多种可能的前景。把握这些前景将有助于我们突破一些新的研究方向和尝试新的研究范式，具体来说有如下三个方面。

第一，从个体层面来看，认知神经传播成为未来认知竞争研究的内在要求和必然选项，传播行为将成为下一个可能的理论突破点。人脑是人类信息加工的物质载体，了解认知竞争情境下其运作规律和运行机制，了解其加工不同信息的时间过程和空间分布，就能通过神经反馈原理作用于人脑来潜在地影响人们的决策，而通过信息引导来干预认知竞争，将成为传播学深化与心理学、认知科学、神经科学、信息科学等学科交叉的一个新的研究方向。传播学将有可能重构为一门跨越从微观到宏观多个研究层次的核心学科。

第二，从媒体层面来看，元宇宙作为未来媒介的终极形态，会朝着"心世界"的方向演化（所谓"心世界"是一种可能的心智空间），对心智资源的认知竞争一定会更加激烈而非逐渐平息。传播学要在这个更广阔领域的认知市场内发挥更加积极的作用，就需要在认知市场上建立有效的媒介评价标准和指标体系。例如，可以在用户体验的基础之上开发不同平台媒介对注意资源的占有率标准，或者是用户体验的服务标准；在游戏与元宇宙媒介平台，尝试衡量游戏沉迷程度的指标与方法；建立与中国舆论环境相适应的具有中国特色的舆情评价体系等。这将为不同媒介的认知竞争规划出清晰的边界和空间，也将为"讲好中国故事、传播好中国声音"提供一个可靠的抓手。

第三，从社会层面来看，在"百年未有之大变局"的大背景之下，我们要想调整对外传播新范式、破解主流价值观的传播困境，不仅需要通过积极"构建人类命运共同体"牢牢把握我们的话语权，还需要通过认知竞争的策略、方法、工具和手段去开拓新的战场。有些领域如果我们不去参与竞争，那么其他信息，甚至虚假信息就会去参与竞争，就有可能出现"劣币驱逐良币"的后果。人类在不断发展和进步的过程之中已经逐步打破和否定了基于个体的歧视，如性别、学历歧视；那些基于群体的歧视，如地域、职业、种族歧视，也正在逐渐式微。然而，基于文化和文明的歧视仍然根深蒂固，"西方中心论""文明终结论""文明冲突论"这些仍然有很大市场的认知枷锁需要我们通过积极参与认知竞争去打破。我们需要建构一个更加广泛的命运共同内群体，突出不同文明的相似性和共同性、淡化差异性，促进跨文化、跨文明的互动与合作，以此推动文明的认同、信任和理解，减少和化解对抗与矛盾。

第二部分
传播升维

第八章

媒介观维度：从生产立场到消费立场

媒介认知：人们是怎样看待媒介的

克莱·舍基（Clay Shirky）把当下的媒介形容为社会的连接组织（connective tissue）：媒介就是你通过何种方式知道朋友生日聚会在何时何地举行；媒介就是你通过何种方式了解德黑兰发生什么，特古西加尔巴的领导者是谁，中国的茶叶价格多少；媒介就是你通过何种方式知道同事给他的孩子起了什么名字；媒介就是你通过何种方式知道你的下一个会议将在哪里开；媒介就是你通过何种方式知道 10 米之外在发生什么事情。

看似简单的列举，其实囊括了两个重要的、有启发意义的转向：1. 媒介不再只由媒介机构来定义，而且还将由媒介使用者来界定；2. 新闻信息与社交信息正在被放在一起消费。这通常是媒介研究中容易被忽视的重要基础。了解媒介使用者如何认知媒介，如何在日常使用中为充分融合在一起的媒介划界，即了解媒介使用者的媒介认知框架，是传播研究领域亟待解决的基础性问题。

一、"新媒体"是一个伪集合

尼古拉斯·盖恩（Nicholas Gane）与大卫·比尔（David Beer）在其著作《新媒介：关键概念》中说："概念从来就不是固定不变的，而是一种灵活性的客体。它既与时俱进地得以形塑，又针对当前的问题给予回应。这也意味着如果需要通过掌握概念以把握那些日新月异的、影响社会生活和文化的广泛的科技变迁，那么概念的时新性和灵活性就显得尤为重要。"

早在 1998 年，联合国把刚刚走向大众的互联网称为第四媒体，而我们现在所使用的、以互联网为基础的"新媒体"概念最早出现于 20 世纪 60 年代，主要指电子媒体中的创新性应用，比如电子录像技术。如今，"新媒体"主要指"基于数字技术、网络技术及其他现代信息技术或通信技术的，具有互动性、融合性的媒介形态和平台。其主要包括网络媒体、手机媒体及其两者融合形成的移动互联网，以及其他具有互动性的数字媒体形式。"在传统媒体与新媒体的比较阵容中，传统媒体枝叶凋零，而新媒体阵容又显得过于包罗万象。

事实上，在本质跨界的传播研究领域，传播学者们为"传播"一词所下的定义，光公认的就已经多达126种。显然，很多概念不再需要被重新定义，而是需要重新理解，跳出原有思维框架的、无限接近规律本身的再度诠释。

施拉姆（Schramm）在晚年曾进行过反思："我们有时忘记了传播研究是一个领域，而不是一门学科。"那么我们是否也可以在日新月异的媒介环境中尝试反思："新媒体"并非一个类别，而是一个领域，是一个不断更新的状态集合，甚至只是所有即将成为日常媒体的必经发展阶段。尤其是在业界早已经将所谓"新媒体"按照其与日常生活的紧密关系细分为众多类型时，学界仍然在努力寻找"新媒体"这一集合的理论与趋势，处境尴尬。是时候转变立场了，应该重新审视媒介分类这个研究中的基本问题，并由新的分类方式出发探寻媒介之间的边界。

二、媒介认知研究的立场

传播学领域最重大的一次立场转变发生在20世纪50年代，经验主义和定量方法结合的经典范式遭遇了理论匮乏的危机。在传统效果研究走向绝路的时候，卡茨（Katz）等人适时地提出转变立场的主张，"大部分的传播研究皆致力于调查这样的问题——媒介对人们做了什么，而如果将研究的问题转换成——人们用媒介做了什么，整个传播研究的面貌就会改观"。此后相继出现的"使用与满足"假说、"议程设置"理论、"沉默的螺旋"理论构成了大众传播学最后的理论高峰。

关于当下的媒介分类，学界正在从生产者立场逐渐向消费者立场转变。有学者提出，以介质物理属性分类，现有媒介可以分为印刷媒介与电子媒介；以感知感官类型分类，现有媒介可分为视觉媒介、听觉媒介和视听媒介；以符号存在的时空特性分类，现有媒介可分为空间性媒介、时间性媒介及时空兼具性媒介等；有学者在基于全国性媒介接触行为实证调查的基础上，将受众分为"电视主导型""低媒介消耗型""电视—杂志型"等6个类别，并基于受众的类型来为媒介分类；也有学者基于媒介的受众群体和消费模式，将媒介系统划分为"大众快消""小众快消""大众慢消""小众慢消"四种类型通过这些分类我们可以重新审视媒介消费价值，进而提出媒介消费的超级个体与利基时空视角。以当下的媒介现状来看，这种超级个体的媒介消费模式，必须从哲学和心理学层面上个体的媒介认知角度去研究。

对于媒介消费的研究，笔者十分认同社会学家约翰·汤普森（John Thompson）的媒介研究观念。第一，非媒介中心主义的立场，"我不认为，媒介是人们生活中最重要的事物；媒介研究存在一个问题，它常常把媒介当做生活中最重要的东西。相反，我的方法论基础是对日常行为和习惯的分析"。第二，非生产性的立场，"我的方法论焦点不是媒介产品、界面和平台的生产，而是受众利用这些产出从事的任务"。近年来，被欧洲学界普遍接受的"新受众研究（new audience research）"也有相似的取向——从内容生产过程中脱离开来，更关注受众和资讯接受过程。方法上，其更依赖阐释民族志，而非量化统计、内容分析或文学批评；立场上，其倾向于将人口统计学变量所代表的社会结构性因素看成是有限且模糊的，专注于描述日常生活、文化情境如何影响受众的媒介接受行为。

第二节

进化的受众：个体拥有前所未有的权力

罗素（Bertrand Russell）认为，在社会科学上，权力是基本概念，犹如物理学上的"能"是基本概念一样。权力也和"能"一样，具有许多形态。他强调权力的多种形态；而美国政治学家丹尼斯·朗（Dennis Wrong）在《权力论》中把权力定义为"某些人对他人产生预期效果的能力"。

在媒介研究层面，互联网作为一种新的权力来源，它对于个体与自组织群体的激活，更多是为社会中的"相对无权者"进行赋权，使权力和垄断资源从国家行为体向非国家行为体转移。在媒介消费层面，依托于移动互联网技术和社交媒体建立起来的关系网络，个体正身处前所未有的高权力认知时代。然而，随着对权力与技术发展的正相关的研究不断累积，其极容易落入无止境的延展中，即努力证明媒介的发展赋予使用者"可以做什么"的权力，而鲜少有视角研究"可以不做什么"的权力，但"做（do）"与"免于做（avoid to do）"其实是权力的一体两面。

一、个人与媒介关系的动态演进

古希腊智者最早提出"人是万物的尺度，是存在的事物存在的尺度，也是不存在的事物不存在的尺度"。杜威认为："社会不仅通过沟通、传递持续存在，而且简直可以说是生活在沟通和传递中。共同体、沟通等语词之间不只存在字面上的联系，人们因享有共同的东西而生活于共同体，而沟通是使他们享有共同的东西的途径。"某种程度上说，人通过与他人的沟通，组织群体、衡量万物，同时也不断修正这一共同体的边界。

菲利普·南波利（Philip M. Napoli）总结出了受众进化成因图（见图 8-2-1），受众进化起源于媒介消费变革，即媒介消费变革（transformation of media consumption）是受众进化的起点。利益相关者在进化第一步时不断地反抗和谈判（resistance and negotiation），从而形成新的受众信息系统（new audience information systems）。为了适应新的受众信息系统，受众的行为发生了改变，这就催生了进化的受众（evolved audience）。

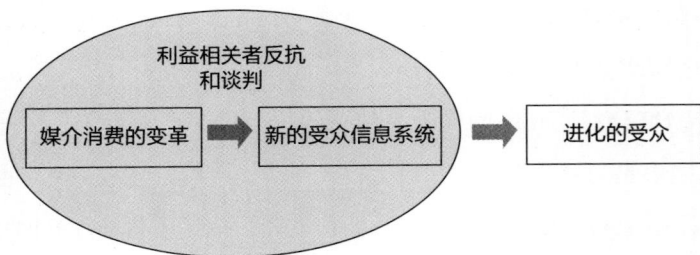

图 8-2-1　南波利提出的受众进化成因图

　　笔者认同南波利关于受众进化成因的观点，但是对他建立的线性模型略存质疑，原因如下。第一，受众并不是走完一个完整的流程才得以进化的，其过程是循序渐进且不断反复甚至自我修正的。第二，媒介消费变革是受众进化的起点，但某种程度上说，也是受众进化反之影响的结果。因此，关于受众进化成因的探讨，如果放到媒介经济的框架下，将最终的理论视点放到受众进化与媒介消费的不断变革上，那么如下基于动态演化的关系图（见图 8-2-2），似乎更有说服力。

图 8-2-2　进化的受众、新的信息系统与媒介消费之间的动态演进关系图

　　在技术变革背景下，到底是哪个环节先带动了整个齿轮组的运转也是很难讨论清楚的议题。进化的受众、新的信息系统、媒介消费这三个环节都非一蹴而就的，这样的特性也造成了，受众的进化过程是动态的、连续的、缓慢的、叠加

的，也是复杂的。

关于数字媒体环境中公众注意力的演变模式，韦伯斯特（Webster）基于吉登斯的结构二重性，提出了"媒体二重性理论"（the duality of media），他认为任何一个理论框架都无法完全覆盖当下的媒介消费模式，是个人因素与媒介结构因素的共同作用左右和制约着媒介使用的现状。显然，其创新之处就在于他提出了媒介消费研究的实践向度。

在操控权的实践上，大众媒介第一次感受到受众自由所引发的恐慌，源于遥控器的出现，后者使得个人可以选择不同的频道观看；随着家用计算机的发展，在鼠标的加持下，受众的操控已彻底不再只基于频道这个"单位"，变得更加自由了；而如今移动互联时代的受众，用手指就可以自由选择内容，甚至选择不同上网空间地点，随时随地、随心所欲的媒介接触已经成为常态。因此，大部分现有研究正是在受众强权的话语体系下进行的，而研究人员也普遍认为，处于高权力地位的受众越来越让传播者感到无所适从。

二、媒介菜单与媒介家具

关于高权力的媒介使用者如何选择媒介的研究，近几年来的媒介菜单（media repertoire）提供了新视角。最早关于"菜单"的研究源于电视研究，近些年的媒介菜单则力图描绘个人的媒介使用节奏的图景，研究者们扩展了"菜单"的含义，用来概括受众在日常跨媒介时，从具有丰富选项的媒介渠道（不像频道那样）进行选择的个人媒介消费的行为。另外一个与此类似的概念是媒介家具或者媒介组合（media ensembles），研究者将多种媒介的使用渠道形容成媒介消费者所面对的组合家具，它们同时存在、功能不同，供媒介消费者根据需要随时选取和使用。

比较两个概念可发现，媒介菜单更倾向于个人对媒介消费的配置行为，媒介家具更倾向于个人所面对的媒介组合。一系列以媒介菜单、媒介家具为核心的探讨媒介使用的研究方法，均有以下一些特征：1. 使用者中心视角；2. 整体性；3. 关系性。这些方法都强调了个人在面对媒介环境整体时的行为选择权。有研究提出下一代互联网用户最重要的特征就是对媒介资源的自我配置："一些人比其他人更擅长利用技术满足他们的利益和需求。因此，不同年龄阶段的人都有成为下一代用户的可能，出现区别的实质是其创新能力重新配置了技术渠道，创造了新的数字鸿沟。"

三、"免于做什么"的深层次权力

齐美尔（Georg Simmel）认为，关系就是社会，社会不是一个实体，而是一个过程，是"具有意识的个体之间的互动过程"。这句话可以理解为，社会是一个有意识地建立关系的过程。媒介权力的不断扩展，其实质是不断延伸关系触达的范围，关于这种"触达"的讨论不绝于耳，而关于"触达意识"的研究并不丰富。

可以说，能体现权力的另一个面是"避免做什么"——遥控器的出现让受众免于被同一频道内容束缚；鼠标的使用让受众免于接受媒体节目的线性安排；随身触屏让受众免于必须坐到固定的设备前这一限制……在拥有极为丰富的媒介菜单和媒介家具时，衡量权力更直观的维度，恰恰是"可以免于"这个面向。付费购买内容以切断广告、关闭朋友圈进行社交斋戒、退出社群并拒绝沟通……在人人可以介入的互联网之中，随时可以接入网络、融入人群、无所不知，也随时可以切断连接、隐居起来、闭关做事，这就是受众的最高权力。当下，在前所未有的诸多选择里，媒介消费者可以自动设置边界，一条个体心理上的，并决定是否与共同体链接的边界。

第三节

框架：梭罗的"三把椅子"

戈夫曼（Goffman）将框架（frame）这个概念从心理学中引入文化社会学中，继而又引入了传播学中，用来解释"人们认识和解释社会生活经验的一种认知结构，它能够使它的使用者定位、感知、确定和命名那些看似无穷多的具体事实"。戈夫曼的框架指涉了三个层次的意义或者说价值。第一，转换，框架是个体将社会真实转换为主观认知的重要凭据。第二，理解与分析，个体借由框架来理解、分析外在世界层出不穷的事件。第三，沟通与交流，个体之间的沟通经由基于框架的分享而实现，这意味着框架也是交流传播的平台。

在大众传播盛行的 20 世纪 70 年代至 80 年代，分析大众媒介如何将框架赋予和传递给个体是热门的研究课题。然而，在个人面对众多媒介菜单的后大众媒介时代，媒介是否还能有效地赋予个体基本的认知框架？亦或，人们依靠自己的心理分类，是否早已针对媒介选择行为实现了麦库姆斯所说的框选效果（framing effect）？那么个体选择媒介的框架（认知的边界）在哪里呢？

一、"三把椅子"的交流框架

早在 100 多年前，《瓦尔登湖》的作者亨利·戴维·梭罗（Henry David Thoreau）就说过："人类已经成了人类工具的工具。"后世文学批评家对梭罗的评价是，他完全不需要邮局，对报纸也表达过蔑视。不过，他并非隐士也绝不避世，他在记录瓦尔登湖的"隐居"生活时颇有意味地提到了他房间中的重要家具："我的房子里有三把椅子，拿出一把用来独处（solitude），两把用来结交朋友（friendship），三把则用来交际（society）。"梭罗给他 2 年零 3 个月的林中生活设定了基本目标："过深思熟虑的生活，面对生活中的基本事实。"如果说，独处、结交朋友、交际，就是梭罗所谓的"生活中的基本事实"，那么我们是否也可以回归交流的基本事实，将媒介象征性地划分为一人媒介、两人媒介与三人媒介？在选择不同的媒介时，个体的根本动机来源于对不同层次自我卷入（ego-involved）的需要。

以三把椅子的视角为例，如果掌握"免于"权力的个人，在自我配置家具过程中，选择了三把椅子（媒介），那么他也可以在使用媒介的过程中，做这样的设计：独处时启动一把，即自我媒介；交谈时启动第二把，即他人媒介；社交时启动第三把，即群体媒介。如果参照社会心理学家格林维尔德（Greenwald）

提出的理论，即从"自我的动机"层面将自我区分为私我（private self）、公我（public self）和群体我（collective self）的理论，那么我们也可以将三把媒体椅子，或者说三重媒介分别命名（见表8-3-1）。

表8-3-1　三重自我与三重媒介

"三把椅子"	三重自我动机	三重媒介
独处	私我	私人媒介
结交朋友	公我	公共媒介
交际	群体我	群体媒介

二、三重媒介的社会心理意义

由此，我们可以尝试归纳千人千面的场景之间的最本质交集：与信息独处时，如主动获取信息、浏览新闻、学习知识等，人体独自在心理层面使用感知意义的媒介，他主要选取私人媒介；当进行沟通交谈、发表观点、从公共平台上观看影视剧等活动时，个体在心理上需要使用对照信息的媒介，他主要选取公共媒介；当进行协商讨论、社群分享、多人游戏等活动时，个体在心理上需要介入集体，使用媒介来达到社会参与的欲望，他主要选取群体媒介（见图8-3-1）。

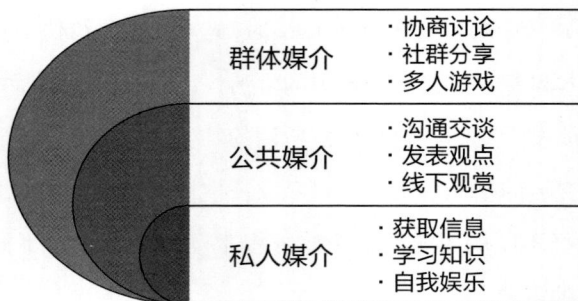

图8-3-1　三重媒介的指向

在大数据与算法无处不在的今天，严格意义上说"受众自治"一词过高地估计了受众的权力。事实上，虽然数字文明时代的受众行为的确因个体差异难以一概而论地预测，但却可以空前便利地被记录、统计。与针对传统订阅用户或有线电视用户单纯的人类学调查统计相比，大数据正不断地描绘每一个 ID 的清楚面目和喜好，那些成功运用了"大数据＋心理侧写"（Psychological Profiling）的公司，已展示出了其巨大的引导效果。受众能自治的，并非内容，而是对内容的选择，并非权力"作为"的一面，而是"不作为"的那一面；并非媒介权力自治，而是个人媒介消费的边界自治。

·结语·

三把椅子与沟通关系之间的隐喻，在麻省理工大学的社会学教授雪莉·特克尔（Sherry Turkle）的《重拾交谈》中有引用，她基于社会学的思路认为：为了永远在线，我们牺牲了面对面的交谈。人们正在因为非理性地使用手机而偏离了生活的本质。她对现代人因缺失面对面交谈而导致的"同理心危机"表达了担忧，并认为面对面交谈的缺失削弱了个人在公共生活中的重要性。特克尔评价说："三把椅子是一种良性循环，仿佛将谈话与同理心及自行能力连接了起来，而技术破坏了这种良性循环。"因此，她在书中表达了对"第四把椅子"的担忧——"人造的虚拟世界"。她认为当机器人护理、人工智能玩具、甚至机器恋人走入个体的生活之后，个体正在面临将机器看做人，同时也将人看做机器的恶果。

那么机器的介入是破坏了过去的良性循环？还是重启了一种新的循环？人工虚拟世界，到底是交流心理中的第四把椅子，还是只是其他三把椅子的工具性延伸？

麻省理工学院的机器伦理学教授凯特·达琳（Kate Darling）与团队在实验中探寻了为什么人会对机器产生感情——人们明知道机器是由齿轮、机械和算法组成的，还是对其产生了同情、怜悯甚至爱：实验中的每组被试将随机获得一个会动的机器小恐龙玩具，每组被试必须给这个小恐龙玩具起名字并互动一个小时。之后，被试突然接到指令，拿起斧头劈断自己组的小恐龙玩具，没一名被试可以做到，即便可以通过劈断其他组的小恐龙玩具来挽救自己组的这只，也无人响应……与其他案例一起，一系列研究结果指出，人类对于能自由活动的机器具有天生的、无法摆脱的同理心与移情特质，这也是机器和人最本质的区别。达琳教授同时指出，人类对机器的理解并不确切，以医用机器人的陪伴应用为例，争议的关键在于，是否用机器取代了人。然而，机器人在陪伴过程中真正取代的并非人类，而是动物疗法中的动物，这得益于人类对于动物和机器人有相似的同理心。

　　借由此，我们是否也应该反思，一直以来我们对待人工智能的理解：人工智能是否能真正成为交流的对象，并在人类"三把椅子"的沟通认知中占有一席之地？这可能是近年来如何思考泛媒介与人的关系的重要思辨。

第九章

工具维度：作为媒介之媒介的话题标签

2007 年 8 月 23 日 21 点 25 分，律师出身、曾经在谷歌和优步担任工程师的美国人梅西纳（Chris Messina）在推特上发布了一条推文"how do you feel about using #（pound）for groups. As in #barcamp[msg]?"并提议使用"#"作为话题组群的识别标记，允许用户加入特定的对话，这是"#"以话题标签（hashtag）的身份第一次出现在互联网中。随后的几年里，"#"先后在 Instagram 和推特上成了话题的识别标志，它使用户可以超越粉丝关系进行有效的信息传播，并借助对标签的策略性使用将信息传递给更大范围的用户。十几年后的今天，"#"不仅在上述平台中被更广泛地使用，在非英语社交平台的话题分类领域也有了不可撼动的地位。

可以说，全球范围内使用话题标签的开端正始于对关键词的标记，推特的支持页面中将标签的作用解释为，允许用户对自己的内容进行"关键词或话题检索"，并"轻松关注自己感兴趣的话题"。它还建议用户在推文的关键词或短语前使用"#"，以此对推文进行类别划分能帮助它们更容易在平台上被搜索到。

佩蒂格鲁（Pettigrew）将信息场定义为"人们为了一个单一的目的聚集在一起而临时创造的环境"，进而使得这里有着"促进自发和偶然的信息共享"的社交氛围。格雷夫斯（Graves）等人认为，标签是一种文本性质的休闲场域，人们可以在同一个话题上相聚，并分享和宣传他们的兴趣。因此，标签创建的是一个虚拟位置或者"第三空间"，这个空间也便成了社交平台中信息之间建立联系并展开针对用户的认知竞争的重要节点。

社交平台在一定程度上可以被认为是网络环境中认知竞争异常激烈的场域之一，每天无数品牌商、明星、政客及普通网络用户通过社交账号进行信息分发，其内容之繁杂、形式之多样、主题之广泛，不可胜计。话题标签"#"对平台中无法计数的内容进行了简单的划分：首先，传播者通过话题标签能够对自己发布的信息进行初步分类，确定其内容的类属关系及基本的目标用户，从而有助于发布的信息传播到目标用户面前；其次，用户在充满认知竞争的社交平台中浏览信息时，可以借助话题标签对过多的信息进行过滤，只选择并关注自己感兴趣的内容，这不仅能够降低用户在社交平台搜寻目标信息的难度，也能确保其看到的都是自己感兴趣的话题；再次，大众对网络信息进行分类并贴上标签，本质上是创建了一个语义网络来连接信息，将相关的信息和思想汇聚在一起；最后，标签本身代表着一种集体的尝试，即在一个无序的文本集合中创建类别，通过一个他人认为有帮助的标签进行内容连接并为一个话语域赋予意义，当这个标签非常成功时便可以藉此创建一个由志同道合的人组成的社区，这些成员既可以开展线上对话也可以实现线下动员。

不可否认的是，话题标签作为对过载信息进行过滤的一种有效方式，其应用在一定程度上增加了网络媒体垂直传播的方式与途径，却也强化了回音室效应，在一定程度上助长了基于社交平台的群体极化的形成与发展。在推动社会运动方面，许多有影响力的话题标签也面临着被社交机器人劫持，致使信息传播困难的现实。因此，话题标签如同许多事物一样，在为人们提供信息传播便利的同时也带来了一些特有的负面影响。在 AGI 时代，网络信息传播给人们带来了更大的不确定性，因此应该提前正确而全面地认识话题标签，并在此基础上最大化地利用话题标签带给人们的便利并尽力规避危害，这样或许能够突破其现有的功能壁垒，提高其在网络信息传播中的价值。

第一节

内涵：内容的连接、分流、再组织与二次分发

话题标签作为一种新型的文本结构被认为是结构和语义意义上的跨媒介连接器，或者可以简单地认为是一个处于社交媒介之中的媒介，它对信息内容进行概括或对新议题进行重构，将具体或抽象的语言表达、圈层化或多元化的内容呈

现、客观化或情绪化的表现形式等作为基本的内容构成要素，形塑出包括内容型、情感型和关系型的基本标签类型，以实现社交平台信息内容的连接、分流、再组织与二次分发等。

一、话题标签的构成要素

话题标签在社交平台中已经成了不可或缺的存在，不管是借助主题标签对平台中语言和非语言内容进行内容连接的推特和脸书，还是根据用户关注的标签主题进行相似性信息推荐的 Instagram，亦或是中文平台中的微博、抖音和小红书，无一不在通过话题标签的具体化表征来实现平台对用户喜好的追踪和内容发放。鉴于社交平台中异常激烈的认知竞争行为，需要借助语言形式、内容构建以及情绪传递三者之间的相互组织与协调，共同促进话题标签功能与价值的实现。

（一）多样的呈现形式

在视觉呈现方面，Instagram、推特、脸书等英文社交平台中，话题标签通常以"#"引发，最后紧跟话题标签内容，且内容词之间无空格，例如关于电影《利刃出鞘 2：玻璃洋葱》的话题标签便是"#GlassOnionKnivesOut"。在中文语境中，由于同一句子中的字词之间通常没有空格，无法通过删除空格来区分话题标签与用户发布内容，因此中文社交平台便用两个"#"将话题内容包围，来与主体内容进行区分，例如"# 白肺是什么 #"。有研究者认为，话题标签可以被视为一种新的形态学过程——标签化过程（hashtagging）的产物，通过这个过程，单个词汇可以无限多种形式被拼凑在一起，从而产生新的语言项目，此外，标签化过程也无法对应于现有的形态学过程，因而标签化过程似乎是一个在社交平台中只有少量技术限制且具有高度自由和创造性的形态学过程。

在表达呈现方面，中英文社交平台之间也存在着一些基于语言的差异。英文社交平台话题标签的词汇数量较少，往往以 1 ～ 4 个词选择事件的主体作为标签名称，如词汇、缩略词、短语、短句等。中文社交平台中每个话题多在 6 ～ 12 个汉字之间，有时还会更多，呈现的通常是整个事件，因此也更像传统媒体中的新闻标题。出现这种差异的原因，一方面或许是由于英文单词间的空格缺失会带来阅读困难，减少词的数量反而有利于用户浏览标签信息时的体验；另一方面，相较于话题标签关键词的呈现，中文社交平台似乎更注重叙事，因而将话题标签内容以类似新闻标题的短句形式呈现，可使用户在看到标签后便能对内容有基本了解。

话题标签的表达形式包括具体和抽象两种。其中，具体化表达是借助明确的言语陈述将感兴趣的用户群体吸引到话题讨论之中，如推特在 2022 年圣诞节前的趋势话题"#thenightmarebeforechristmas"，便是以指向明确且具体的内容引导用户参与平台话题内容发布活动的。相较于前文短句式的具体标签，"#MeToo"则显得抽象了许多。若不是好莱坞女演员艾丽莎·米兰诺（Alyssa Milano）在个人推特账号上号召有被性骚扰或被性侵经历的人在社交平台写下"me too"，加之韦恩斯坦数十年性骚扰与性侵女性丑闻的曝光这一社会事件带来的巨大关注，相对抽象的"#MeToo"标签恐怕难以使用户在看到标签时就知道其指代的内容与目的，并点开链接。因此，尽管如"#MeToo"类抽象标签能够实现推动社会运动的功能，但其使用和推广需要以较高的社会曝光等作为背景前提。

（二）丰富多元的内容建构

话题标签的内容建构相对多元，既可以源自平台的专业操作，也可以由用户自行创建。前者可以将当天或近期各类热门新闻、信息等，经汇聚、把关并根据议程设置构建话题标签以吸引用户参与。后者则来自平台的每位用户，只要用户在内容发布过程中按照平台标签应用规则使用"#"符号及标签文本，便能自动生成带有链接的话题标签，进而吸引其他用户的注意和参与话题讨论。丰富多样的话题及其背后的场域大大增加了用户选择的可供性。

在人人都是传播者的网络时代，网络平台对大众的赋权得以顺利实现，原本由传统的大众媒体掌握的公共场域话语权被部分让渡给了普通用户，使得以趣缘为核心的内容建构借助话题标签有序展开。例如，原本只有少数人了解的小众内容得以有机会在公共场域展现，其爱好者可以借助话题标签获取小圈子内的新闻，同时也可以在公共场域传播该话题标签，扩大内容传播和圈子用户范围。因此，普通用户的话题自创极大推动了内容类别的扩展，也极大促进了话题标签的多元化发展以及利基市场的不断开发与拓展。

借助话题标签，用户可以突破地缘和业缘的限制，在互联网中找到自己感兴趣的话题，社交平台的算法机制会将标签主题与用户喜好进行一一对应，使具有相同标签喜好或观点的用户可以进行相互间的信息内容推送，使无数相隔万里的人因为共同的爱好得以相识并构建出基于平台的虚拟群落，并在此基础上激发更频繁、更深层次的交互。然而，不可否认的是，用户在自己的爱好中不断旋转重复，也导致了回音室效应的不断强化。

（三）不可忽视的情绪传递

勒庞（Le Bon）在《乌合之众》中指出，"一切文明的主要动力并不是理性，倒不如说，尽管存在着理性，文明的动力仍然是各种感情——譬如尊严、自我牺牲、宗教信仰、爱国主义及对荣誉的爱"。在人群高度聚集的网络社交媒体中，情绪依然起着不可忽视的作用，成了虚拟社交广场中推动社会运动的强大力量。与此同时，信息的传播效果也与情绪有着密切的关系，具有不同情绪状态的信息对传播效果有着不同的影响。

在英文为主的社交平台中，由于每个话题标签的词汇数量较少，且多以名词或动名词短语为主，借助话题标签传递情绪时往往无法兼顾内容叙事。此外，近几年"#IStandWithXXX"的话题标签模板成了英文社交平台用户表达情绪、态度、立场的常见方式。例如，美国大选期间的"#IStandWithHillary"就体现了用户在社交平台表明观点与态度、声援其支持对象的情绪。在中文社交平台中，主题标签相较于传统的大众媒体更口语化，部分主题标签内容本身带有一定的情绪性。例如，"#XX 遭百年一遇暴雨 女子被狂流冲倒 #""#7 岁艾滋病毒携带者父亲病亡母亲失踪 #""# 司机把男孩落湖南到广东才发觉 #"等，这类包含情绪的标签内容本身就能够发挥启动用户情绪的作用，即使使用中性化的词汇替代也难以抵消其内在情绪。

二、话题标签的基本类型

根据前文对话题标签构成要素的分析可以发现，在一条话题标签中往往包含一个或多个构成要素，因此，我们根据构成话题标签的不同要素在标签中所占比重的差异，将话题标签分为内容型标签、关系型标签及情感型标签。

内容型标签主要以具体的内容呈现、丰富的语言表达及客观的表现形式等构建叙事框架，使用户在短时间内就能够明确话题主题甚至内容细节，根据兴趣决定是否进行深入了解，如"# 妈妈给姐弟俩分零食橘子都要掰开 #""# 新疆伊宁发生井下坍塌事故 18 人被困 #"等。

关系型标签是借助不同的言语表达方式，以吸引特定用户进行圈层内部讨论或交互为目的的标签内容呈现。例如，"# 考研第一晚如何调整状态 #""#唐嫣 cos 佟湘玉 #""# 元旦春节返乡如何防护 #"等，这里第一个话题是将参与今年考研的学生作为目标群体，第二个话题标签是将唐嫣的粉丝以及对佟湘玉这个角色印象深刻的社交平台用户作为目标群体，而第三个标签的用户范围则涉及所有打算在元旦或春节期间返乡但又担心疫情的异地工作的平台用户。由于关系型标签借助文字和超链接为社交平台构建了陌生人之间基于趣缘的弱关系，因此其媒介属性较为强烈，也更容易触发社交平台中连接的发生。

情绪型标签最突出的特点是情绪的展现与感染。尽管国内许多社交平台中话题标签的表达类似于传统的大众媒体的新闻标题，然而，由于许多话题标签的生成者为普通用户，且社交平台对新闻客观性的要求没有达到传统的大众媒体的强度，因此其表达也相对更口语化，更情绪化。例如，在标签话题"# 圆通延误致 1400 元药损坏只赔 10 元 #"和"# 不懂内娱到底在高贵什么 #"中，前者一个"只"字就将标签使用者拉到用户一边且与涉事企业形成对立，后者"到底"二字也是将标签使用者与普通用户划为同一阵营，一同表达对内娱的"不满"。情绪型标签进入社交平台热搜榜，一方面是由于标签自身的热度较高，另一方面也可以视为社交平台对相应观点的认同。

不同类型的标签之间存在着一定差异和联系，每个标签具体所属类型可以从多个角度进行分析。一方面，同一标签在不同的使用时期可以归于不同的类型之下。以"#MeToo"为例，其刚出现时是呼吁曾遭受性骚扰或性侵的女性曝光丑闻，此时标签的呈现是以激发用户的情绪并发布相关内容为主导，因此属于情绪型和内容型标签。后来，随着"#MeToo"话题标签在全球范围的广泛传播，并产生了强大影响力，这一标签不仅成了检举性犯罪的场域，也成了使部分女权组织聚集的阵地，也就具有了关系型属性。

另一方面，同一标签可以同时分属不同类型。前文提到的"#新疆伊宁发生井下坍塌事故 18 人被困 #"，由于其对该事件进行了相对详尽的内容叙事，因此可以被归为内容型标签；与此同时，该标签能够吸引对新疆／伊宁熟悉及关注矿井安全事件的用户群体，因而也可以纳入关系型标签类型；此外，该标签内容本身描述的是一个意外事故，之中天然蕴含着使人悲伤的情绪，因此也可以归属于情绪型类型。由此看来，该标签可以同时属于三种类型，由于其内容叙事特征更为突出，且关系内涵较弱、情绪性并非标签发布者故意为之，因而此处将其归为内容型标签。在实际应用中，标签类型可以依据标签发布者对于上述三种类型的目的偏向进行划分。

第二节

特点与功能：超强传播力重构社交媒体

话题标签之所以能够在社交网络中得到用户及平台的广泛认可和使用，与其突出的应用特点和强大的社会功能是分不开的。

一、话题标签的应用特点

社交平台中呈现给用户的话题标签具有多种特点，其中语言精炼、直击要点、和过目难忘应该是其最核心的特点。

第一，语言精炼，言简意赅。不同于文本语言表达中常用句子进行阐述，话题标签通常以短语、短句等形式呈现主题内容。这在一定程度上避免了由句法及其规范的要求带来的内容冗余，以及快速浏览过程中文本信息过多带来的阅读困难。例如，"# 考研答案 #"这一话题标签尽管只是一个名词短语，却能在很大程度上藉由其关系型属性吸引刚刚参加完研究生考试的考生的注意，并点进话题去查看详细信息。值得思考的是，话题标签表达的简单直接往往容易使人忽视其中的复杂性，例如标签中的主体、主体所具有的特征，以及标签的意义如何根据其表达的背景而进行扩展等。

第二，直击要点，核心突出。在中文社交平台中，为了避免在几个至十几个字的话题标签中出现歧义，其表达通常要直指要点、突出核心内容，使用户在浏览网页的短暂瞬间注意到标签并明确其表达的核心内容，从而有利于用户在有限的扫视时间内迅速判断是否要点开此标签链接，深入了解该话题下的相关讨论。例如 "# 请回答 1988 超长花絮 #"，这个话题标签就非常简单直接并强调了重点，能使了解《请回答 1988》电视剧的用户快速做出是否要看超长花絮的选择，也能使不知道该剧的用户直接扫过这一标签而继续浏览其他内容。英文社交平台（如推特）为了突出话题标签重点，还为个别话题标签设计了特殊的 emoji 表情，例如 "#MeToo" 是女性的手高高举起的样子，"#BlackLivesMatter" 是三个不同肤色的拳头，世界卫生组织号召各国人民通过洗手预防新冠的话题标签 "#WashYourHands" 是洗手的表情，这种内涵明确、具有视觉表现力的表情是促进话题被快速识别的有效方式。

第三，用词精准，过目难忘。话题标签内容用词考究、让人过目难忘是其吸引用户的重要方式，用精确又引人注意的词汇描述新奇的事件是吸引用户注意并使其长时间停留于标签的关键，例如，"#MeToo" "# 圣诞老人的马车要带电吗 #" "# 为什么上岸第一剑先斩意中人 #" 等，皆是通过社会事件或现象表达引人好奇的叙事来引发用户的探索心理，进而获取用户的点击、流量和讨论。

二、话题标签的社会功能

话题标签能够在发展迅猛的社交媒体中存在十几年而始终得到平台和用户广泛使用，其核心便是其无可替代的社交属性。话题标签的底层逻辑或许只是简单的信息分类并允许用户通过嵌入元数据实现信息的可搜索，然而，话题标签不仅借助自身语用特点帮助社交平台分类引流、保持用户粘性，还为平台的深度媒介化赋予了一定的社会功能：对新闻和信息进行二次分发与曝光引流，支持自主内容建构以推动当代互动交流形式，勾连社交网络用户的弱连接，助力基于平台的社交运动及其发展，以群体性和技术性力量形塑社交平台场域……这些功能为社交平台关系重构、用户圈层划分，甚至社交网络扩展等均带来了深远的影响。

（一）信息的二次分发与传播

话题标签通过内容分类和组织可以实现对信息的二次建构与传播。用户、媒体及商家等借助社交媒体账号进行信息编辑与发布，是内容在社交平台的初次分发；话题标签对社交平台繁杂多样的信息进行类别和属性上的划分，实现了对初次分发信息的组织和整理，同时对经验主题进行标记。这种组织与标记在一定程度上可以理解为借助话题标签的语义表征及语境建构，实现对信息的经验组织和场景构建。当用户点击话题标签超链接或搜索标签进入话题，能够看到所有添加了同一标签信息的初次分发内容，这便实现了内容的二次分发及相关经验的传递。二次分发实质上是借助标签提高了曝光率，由此，社交平台中的部分用户会在发布信息时添加多个话题标签，目的便是通过话题标签实现对自身内容和账号的多次曝光。

（二）自主内容建构与当代互动交流

话题标签的分类功能还借助主题呈现实现了话题的内容建构以及基于社交平台的互动交流。当前，话题标签不仅仅是社交平台的内容分类组织符号，它已经在广泛使用的过程中呈现出向人际语用转向的趋势。原本使推文可见并引发讨论的功能已经无法满足用户当前的需要，标签开始在词汇语法层面发挥全方位的经验语言学和人际语言学功能，甚至在话语语义层面逐渐具备了人际交流及生成评价性元注释（evaluative metacomments）的功能，并成为在社交平台中实现用户立场调整、强化社群关系以实现互动交流的主要方式。标签名称是激活相关语义域并提供恰当语境和社交场景的关键，由于用户对标签命名具有高度的自主性和随意（意识）性，如何命名以构建内容框架并促进传播效果、为用户提供语境和场景信息、协助其完成推理过程以解读话语隐含意义逐渐成了社交平台基于标签交流的基础。

（三）勾连社交网络人际关系

在话题标签使用频繁的推特、Instagram、微博等社交平台中，平台提供的是类似于现实场景中的广场，任何人都可以在这个广场中与任何人进行交流。广场式社交突破了传统社会结构中的地缘和业缘限制，借助话题标签的组织分类对广场上的用户进行了新的连接，实现了以趣缘为核心的社会关系的建立，有助于用户在随心选择之余破除信息茧房的束缚，探寻既有兴趣外的多样世界。不同于微信、Line等熟人社交平台基于强关系展开的深度交流，广场式社交平台在赋予了个体更高自主选择范围和权力的同时，也在一定程度上决定了这种社交关系的特点，即单薄与不稳定。强关系的维持需要高昂的精力成本和时间成本，在当前巨大的工作和生活压力下的年轻人对强关系的建立和维持存在着一定的抗拒和抵触。相较于强关系而言，弱关系的产生和维系并不需要消耗过多精力时间，即便放弃也不会产生过重的精神负担，因而较好地满足了年轻用户轻便的社交需求，并提升了平台社群参与度。如前文所述，话题标签在带来内容类别多元化、细分化以及关系建立简单化、高效化的同时，也在一定程度导致了用户圈层分化与信息茧房效应的加剧。用户的一次次简单点击换来的是平台基于算法的无数次"精准"推送，使他们不断在自己"喜爱"和熟悉的圈层里循环打转，误以为所看所听便是整个世界。

（四）助力基于平台的社交运动

话题标签的功能不仅仅停留在标记层面，而是在社会维度上发挥着积极的动员作用，由此构造了一种象征性的群体认同体系。该体系借助话题标签的信息聚合与可搜索功能以维系群体成员的黏性并不断向外扩展新成员，从而使社会运动的线上开展有如神助。在基于社交的社会运动中，标签的社会性符号意义被无限扩大，其拥趸借助标签表达观点和态度并不断赋予标签以更丰富的内涵。不同于线下社会运动的人群聚集，每个游行示威的人所发出的声音、能举起的牌子是有限的，游行者所能充斥的街道也是有限的，因此其影响力也是有限的。在社交平台中，一个用户可以在短时间内发布几十甚至上百条信息，若使用人工智能等技术这一数量便不可胜记。其发布的信息如果包含情绪激昂并富有煽动性的图片、视频等内容，再加上标签的连接功能就会吸引更多具有相同观点的用户看到、转发并不断接力。

与此同时，当一个话题标签被足够频繁地使用，它便有较大概率被列入社交平台的"热门话题"之中，从而将话题推广到使用和关注该标签之外的用户群体，继而引发空前的影响力。研究者们经常分析"#MeToo"这个话题标签，其在短时间内便从美国蔓延到全世界并引发多国效仿，这种巨大的影响力绝不是线下社会运动所能比拟的。在这个过程中，话题标签名称的命名及标签功能的使用对运动的扩大有着不可磨灭的影响。

（五）形塑社交平台的场域

话题标签通过对网络信息和用户的内容把关以及类别整合，正以结构性、群体性力量形塑社交平台场域。有研究者对 70 多项关于话题标签和把关的跨学科内容进行研究，发现话题标签可以实施 6 种信息把关人的功能机制，表明标签充当了在线社区的"信息锚"的角色，从而突出了信息把关人对社会的效用。当前，以打造精准推送为目的的网络推送机制导致了网络平台微粒化程度的加剧，使用户在不知不觉中被孤立和操控。话题标签对社交媒体回音室效应的出现有"助纣为虐"之过，但也借助圈层内巨大影响力跻身平台"热门话题"，提高了不同圈层群体多样化信息的可供性。因此，话题标签似乎在帮助算法为用户筑造回音室的同时，也在帮助用户突破微粒化的"回音室"，为用户与其他用户或群体之间建立新的连接提供了可能：借助平台"热门话题""热搜""趋势"等标签话题的呈现，标签以其高可供性内容帮助用户寻找和建立新的人际、社群及圈层连接。尽管这些新的连接是基于虚拟社区而构建的弱连接，但是它已经实现了用户从现有圈层由内向外进行实质性突破和穿越的可能。因此，在元宇宙社会，话题标签或许能够超越当前社交平台限制而发挥出更丰富、人性化的功能。

话题标签作为网络工具本身并没有善恶好坏之分，然而，部分用户借助人工智能技术进行标签劫持等行为来实现其特殊目的。当前，标签已经成了社交机器人开展网络行动的重要工具，它们既能通过推动标签运动制造舆论场的影响力，也会通过标签劫持扭转舆论局势，这致使标签发展的可能性朝向社交平台的任何维度和方向。无论如何，我们可以肯定的是，话题标签正在以其特殊的功能提升社交平台的服务能力，并以其特殊的影响力塑造和强化社交平台的功能场域。

第三节

双刃剑：话题标签对用户认知的影响

话题标签作为社交平台中具有特殊影响力的功能性符号，其给用户带来的深远影响也值得探究。传播效果研究通常被界定为涵盖认知、情感和行为三个维度。其中，情感效果包含态度的形成，或者说是对某事积极或消极的评价，因此，接下来本书将从认知、态度和行为三个维度分析话题标签对用户的影响。

一、认知竞争的困顿纾解

认知竞争的对象可以是用户的注意、记忆、思维等所有的认知过程。在当下以注意为主导力量的媒介化生态系统之中，媒体若想在激烈的竞争中谋求生存与持续发展，就必须以迅捷的速度吸引用户的眼球，而信息首发权这时就意味着流量与话语权。为此，用户的注意无论在线上还是线下都成了最重要的商品之一，并使得人们在真实场景及网络中都受到了大量信息的围攻。商业公司试图通过无止境的竞争获取人们有限的注意力，互联网某些用户的诸多奇异行为也只是为了吸引哪怕片刻的关注。作为社交软件的技术工具，话题标签的出现在一定程度上缓解了商业公司对用户注意资源的疯狂抢夺。通过对信息进行分类、连接、提升其可搜索性，话题标签减少了用户在信息海洋盲目浏览无关内容的时间，提高了其触达特定目标信息的效率，同时也避免了用户过多消耗自身有限的注意力。标签因而成了认知竞争时代保护用户注意力等资源免受伤害的盾牌，王（Wang）等人甚至将话题标签的使用概念化为一种能够动员集体注意力的机制。

不过，话题标签在组织信息、简化搜索难度的同时也会被技术所利用，成为某些商业公司或政治势力对用户开展认知竞争的得力助手。其中，除了利用算法或给用户打标签并根据用户喜好进行"个性化"精准信息投放所造成的回音室效应，还有利用标签在"热门话题"或整个社交平台场域强行抢夺用户注意力的行为。前者的影响非常明确，后者的影响则较为复杂，具体来说可以将之理解为社交平台承担了传统的大众媒体为公众设置议程的功能。不同于标签可以由社交平台所有用户自行生成和使用，平台"热门话题"的产生不只取决于标签被用户使用的次数，还取决于其是否被平台认为是"大事"。单签，社交平台等已经取代了传统的大众媒体成为人们获取外界信息的主要渠道，原本人们以为互联网中的信息如汪洋大海一般，自己可以尽情畅游其中选择感兴趣的水域去玩耍，然而，没想到的是传统的大众媒体的议程设置手法已经为社交平台所"借鉴"。

标签的认知竞争功能还可以通过确定平台信息框架的形式发挥作用。尽管信息（尤其是新闻）的生产者并非社交平台，但是，社交平台已成为当前社会信息传播的重要媒介。在热门话题广场中，社交平台发挥了传统媒体选择性报道的作用，并继续向用户进行了一次预设的"媒介现实"，借助对"客观现实"的选择性在线和重构为用户构建了一个次级认知场，而用户的认知也直接为"热门话题"所框定。戈夫曼（Goffman）指出，框架概念涉及转换、理解分析及沟通交流三个维度，被社交平台所框定的用户一旦接受了平台为其建构的知识、规范及价值观等，便会通过"热门话题"等进行人与人之间的线上沟通和分享，并应用框架赋予其的思维规范对外界层出不穷的事件进行理解和分析。

二、影响与改变用户的态度

用户态度的研究是传播效果研究发展的核心议题，从早期霍夫曼对总统选举投票行为的研究到当今借助认知神经科学技术从脑和神经维度开展的传播效果研究，其核心都是探求人们的态度是如何受到影响甚至改变的。不过，态度的改变取决于个人的智力以及其与不断变化的群体或新伙伴的接触，简而言之，态度的改变是复杂的相互作用的产物，并受到各种决定因素的引导。在一系列的可能性中，研究者们发现情绪、污名、叙事及意见领袖等都是影响用户态度的重要因素，而标签与这些因素的结合则会使态度改变更具效力。

（一）情绪情感的传递

克雷奇（Krech），克拉奇菲尔德（Crutchfield）与巴拉奇（Ballachey）在 1962 年指出，态度是人反复应对同一事物时，把自己的反应倾向组织成的一个统一而持久的系统。在这个世界中，态度几乎都不是孤立存在的，相反，大多数态度是相互联系或形成集群的。态度的学习理论强调了态度获得与改变的两种主要方法：信息学习和情感传递。这一理论把个体看作态度形成和改变过程中的被动者（passive agents）。他们接触刺激，通过联结（association）过程获得信息和情感，借助强化（reinforcement）、惩罚（punishment）及模仿（imitation）习得态度，这种学习过程决定了个体的态度，而最终的态度将包含所有联结、价值观和个体积累的其他信息。

学习理论认为，当个体把对一个对象的情感传递到另一个关联对象时，即发生了情感传递（transfer of affect），他们就会被说服。研究发现，多数情境都支持情感传递的观点，只是该观点似乎对于人们相对不熟悉的信息材料或内容作用更大，而对人们已经很熟悉的信息材料或内容作用不大。除学习理论外，吴明证等人也发现，内隐态度对行为结果的预测会受到情绪的调节作用，其中，积极情绪下通过内隐态度能预测用户的行为，消极情绪下则无法通过内隐态度预测用户的行为。

（二）意见领袖的推动

在当今的媒介新格局之下，以网络平台为载体的公共领域不断聚力扩张，社交平台的意见领袖为公共网络领域的繁荣提供了强有力的支撑。社交平台赋予了意见领袖以广泛性、多元性及更具亲和力的特征，使意见领袖兼具人际传播与大众传播的双重特性，网络公共场域为其与用户之间的双向高效互动提供了操作性可能。部分意见领袖具有大的粉丝或关注者数量，其影响力已经堪比传统主流媒体。

以"#MeToo"运动为例，2006年，"Me Too"这一短语便被性侵幸免者和活动家塔拉娜·伯克作为口号在社交媒体MySpace提出。2017年10月16日，美国女演员米兰诺在推特发帖称"如果所有被性骚扰或侵犯过的女性都能发一条'Me too'的状态，人们或许能够认识到这个问题的重要性"。当天晚些时候，"Me too"这一短语已被使用20万次以上，5.3万人留言。推特之外，在不到24小时内全球470万用户在Facebook发布了超过1200万条消息、评论和反应（reactions）。Facebook表示，45%的用户使用了"me too"这个短语。由此可以发现，意见领袖在社交平台发布信息时所能带来的影响力，尤其是当意见领袖发布带有情绪色彩的信息时，能够给平台普通用户带来巨大的感知、情绪、态度和行为上的影响甚至改变。

有研究者就意见领袖的情绪表达与普通用户认知之间的关系做了细致的研究，探讨意见领袖的情绪框架对普通用户认知偏差的影响机制以及情绪敏感度的调节效应。结果发现，意见领袖表现的厌恶、愤怒和恐惧框架对普通用户的认知偏差均有显著的积极影响，而用户的风险感知则在意见领袖情绪框架对用户认知偏差的影响中发挥着重要的中介作用。此外，意见领袖的情绪框架能够通过"放大"普通用户的风险感知来强化其认知偏差，而用户体现在情绪敏感度上的个体差异也会影响意见领袖情绪框架对用户的风险感知的影响，具体来说，当用户的情绪敏感度较低时，意见领袖的情绪框架对其风险感知的影响相对更小，当用户的情绪敏感度相对较高时，意见领袖的情绪框架所能对其风险感知的影响相对较大。

（三）污名的使用

除意见领袖的高影响力之外，污名化也是影响用户态度的重要因素。尽管污名在人类发展中拥有着悠久的历史，但在学界的历史则相对短暂。1963年，戈夫曼首次对"stigma"这一表述进行了概念性的阐释，他明确地指出它与"不名誉"特征（如躯体异常、越轨行为及精神疾病等使个体迥异于大多数人的特征）等同，此外，他还从个体面对面的互动层面分析了关系框架内的污名。他认为，由"不名誉"的特征引发的影响，具有该特征的个体或群体会被他人认为无法胜任既定的社会功能和社会角色，在极端情况下，还会被视作坏人、危险分子甚至废物，也就是说，"不名誉"的特征影响甚至损坏了其附属主体的身份，把完整的人降损为了不完整的人，把人变得不像人了。由于当前网民言论的约束不足以及个人隐私保护不到位，任何人都可能成为被污名化的对象，进而遭受到其他用户的网暴。描述事件时，微博 140 字的限制对内容的精炼表达提出了较高要求，为了在充满认知竞争的网络环境借助短短十几个字的话题标签吸引用户的注意，媒体平台便开始打起了污名化的主意。

以国内某社交平台 2023 年 1 月 5 日热搜榜第一的"女儿生病继母不刮鱼鳞用活鱼煮汤"这一话题为例，单看标题中的"继母"一词会直接使用户联想到恶毒、冷血等形象，后面的"不刮鱼鳞煮汤"继续帮用户验证了前面的猜想。然而，打开链接后却发现这位继母与其继女平日关系很好，不刮鱼鳞只是由于不会做饭且不喜欢吃鱼，反倒让用户看到了继母努力照顾生病女儿的温馨画面。就本话题标签而言，用"女儿生病继母煲汤闹笑话"这十一个字完全可以表达话题中的人物关系与事件，媒体却为博眼球和流量借"继母"这一略显污名化的表述与"不刮鱼鳞煮汤"放在一起营造子虚乌有的"冲突"。在话题内容中呈现和睦的关系或许达到了消除用户对原污名的认知，然而，借污名吸引流量的行为也在一定程度上强化了用户对污名的刻板印象。

（四）公共叙事的构建

话题标签始于标记微故事时反复使用的关键词，在它成为社交平台共享故事的一部分之前，可以在不同背景下与故事的不同部分联系起来。有研究者试图厘清从一个短语到一个标签再到一个社会运动的转变是如何被叙事的因果逻辑所框定的，其研究结果为病毒式传播标签提供了可以借鉴的理论框架：第一，无论是"#Ferguson"、"#Egypt"，还是"#JeSuisCharlie"，标签通常指的是一个事件，同时也是对该事件的回应；第二，标签的病毒式传播或扩散是一种时间性的活动，是一个递归的过程，在索引标签的层面上可以被叙述为一种运动，并作为事件本身进行报道；第三，这个过程可以调动文化叙事或脚本来框定运动和它的政治意义。在这一框架中，随着标签传播时间的推移，从个人推文的总量中出现的共享故事与宏观叙事之间存在着一个反馈回路，这些叙事试图使病毒式的活动有意义，使用户随后将标签作为内容发布的文化脚本进行部署，借助标签构建叙事实现引导舆论和改变态度的过程在一定程度上变成了平台用户间的群体行为。

用标签构建叙事在当前社交媒体中已经是非常普遍的现象，观点相似或对立的标签（群组）从不同的视角出发阐述对同一事件的看法、态度，共同在社交平台进行叙事合作或叙事战争。吉亚克索格鲁（Giaxoglou）在分析了标签"#CharlieHebdo"和"#JeSuisCharlie"在多语言实例中的出现和传播之后指出，标签的元语言、元话语和元叙述功能与网络化公众可获得的叙事立场有关，而标签在平台中的共享和传播则证明了从兴奋的全球新闻报道和苦难的旁观者模式到疯狂的社交媒体共享模式的转变，这些模式划清了对事件评价的界限，原本作为信息和态度的被动接受者的用户已经开始习惯参与和主导信息传播过程中的标签生成，这在某种意义上实现了用户借助叙事对标签信息的内化。

三、塑造用户的网络行为

态度的价值体现在它很大程度上支配着个人的行为，用户行为是网络环境及时、直接和明确反映用户认知和态度的重要的可测量指标。除传统社交平台中的发布、转发、评论和点赞行为外，当前基于移动端的短视频平台让用户通过不同的滑动方式切换内容的设定便是对用户网络行为的塑造。用户对平台以及其中的标签等"插件"如何影响他们的传播行为或许没有明显察觉，但这确实已存在许久。

（一）网络中的互动仪式

社会学家兰德尔·柯林斯（Randall Collins）认为，社会学理论研究的起点是情境，而社会情境的核心是互动仪式。互动仪式作为构成社会和群体的动力基础，其核心机制是成员之间高度的相互关注和互为主体性，它与高情感关系相结合，形成与认知符号相关的成员身份感，也为成员提供了情感能量，使他们有热情、愿望和信心去从事道德容许范围内的活动。

柯林斯认为，互动仪式的组成要素包括4个方面：1. 两个及以上的人汇聚在同一场所； 2. 对局外人设置了边界； 3. 人们把注意力聚焦在共同个体或事物上； 4. 成员分享共有的情绪及情感体验。不同于没有互联网时人与人之间主要依靠面对面的方式互动，网络场域的构建使得互动仪式的要素构成发生了一定的变化：1. 人与人之间即使不见面也能同时聚集在一个共享空间，相互关注、相互影响；2. 在共享同一社交平台的所有用户中，只有通过标签进入特定话题之中的用户才是该互动仪式的局内人；3. 标签作为所有局内人共同关注的内容，不同用户围绕自己的理解和经历借助传播行为与标签建立联结；4. 共同的标签主题信息诱发局内人相同的情绪感知与体验。

在互动仪式中，情感能量及符号资本是最为重要的两个概念。柯林斯强调情感能量是人类进行社会行为的重要源力量，是产生社会互动与社会现象的内在动力。在标签运动中，用户借助情绪化的表达讲述自己与标签相关的经历或故事，吸引更多用户进行以观看、点赞、转发、评论为互动"姿态"的会话，甚至通过写下自己的经历或感触投身该标签下的活动场域。然而，柯林斯也指出，高度的情感连接（即集体兴奋）是短暂的，持续时间的增加需要从短期情感转换为长期情感。标签符号所能够唤起的群体团结是不同的，符号或情感记忆，或者意义的作用在于在未来社会情境下影响群体间互动以及个体的认同性。因此，话题标签借助情绪激发的成员行为也是短暂的，只有藉由记忆和内容赋予标签符号更多样、更深层的意义使成员短暂的情绪感受转为长期的情感，团结性的话题／运动标签才有可能发展成为具有文化和历史价值的符号。

（二）人工智能的介入

随着技术的发展，与人们在社交场域进行仪式互动的对象不只有同类，还有人工智能。人类受自身生理条件的限制，单位时间内所能发布信息的数量、类型和范围是有限的，而人工智能则可以在人类指令下短时间内迅速、大量、广泛地投放标签信息并通过标签劫持等行为引导舆情、形成舆论、表达民意。

有研究者从议程设置理论的视角出发，探究了社交机器人（人工智能技术应用于在线社交网络的产物）、公众及媒体三个主体在社交网络中的互动机制，结果发现议程设置包含社交机器人正向影响公众议程，以及社交机器人与公众议程之间构成动态互动系统两个层次。其中，互动系统包括三种机制：一是社交机器人议程设置影响公众议程；二是公众议程影响社交机器人议程；三是社交机器人议程与公众议程之间相互影响。此外，三个主体中，媒体在第一层的议程设置中表现出了较强的议程设置能力，对社交机器人和公众产生了影响。在第二层的实质属性中，媒体的议程设置效果弱于社交机器人和公众，在负面情感属性中媒体受到了社交机器人的影响。

有研究者从监管不甚规范的娱乐传播领域切入，发现社交机器人影响网络舆论的方式包括但不限于使用恶意机器人操纵"水军"、模拟人类传播行为、利用数据空洞（data void）和社交媒体的弱连接特性、渗透用户群体并扰乱娱乐传播链条等。此外，标签劫持（hashtag hijack）也是社交机器人操纵的领域之一，它指的是垃圾邮件发送者、"网络喷子"、"键盘侠"等网络社区的恶意使用者在平台话题标签或热门话题下发表与标签无关的垃圾邮件、负面情绪甚至仇恨言论等内容，以增强无关信息的信号干扰，削弱原有标签相关的社会运动、干预标签的预期动机并使标签产生反作用。

当前，社交机器人干扰舆论的方式、领域及范围已经远超普通人的想象。有研究者在推特上抓取了30多万条与中国议题相关的数据，结果发现超过1/5疑似由社交机器人用户发布，它们的存在能够在内容传播上增加人类用户对特定信息的接触，从而形成支持某观点或某方的强大声势。社交机器人制造的声势可能与多数民众相同也可能不同，当观点不同时，用户会产生自己与多数人观点不一致的错觉，进而保持沉默，致使由技术引发的"沉默的螺旋"现象愈发凸显。当用户在网络舆论环境中获取真实信息的难度变大，发声的意愿也会随之降低，甚至在用户交互维度出现了社交机器人渗入平台改变社交网络既有信息交互结构的现象，这颠覆了以人为主体参与者的传播规则，使用机器逻辑不断改变传播生态环境。由于用户只会对自己认知内的经历、信息进行反应，若人工智能借助算法、社交机器人等使用户接收到的信息变得单一，用户看待事物和分析问题的能力也会变得单一。

（三）网络社会运动中的行为

网络的深度发展以及传播性疾病引发的隔离政策，使人们倾向于借助网络完成几乎所有的事情，甚至包括参与社会运动。而每一次高度动员的社会运动的中心都是涂尔干所说的"集体沸腾"，也是其"道德密度"及 Collins 所谓的"高仪式密度"的产物。自从话题标签被广泛应用于社交平台，其产生的最为深远的影响之一便是社会运动的线上发展，而标签行动主义（hashtag activism）就是指线上使用话题标签参与社会运动的行为。

有研究者从缺席与在场角度对比了传统社会运动与网络社会运动之间的差异，认为与传统社会运动相比，网络社会运动包含物理缺席、参与者（现实）社会身份缺席及（对自身表征的多媒体）符号性在场。而且，网络中的社会运动不存在"沉寂不动"，也难以出现"激烈的反抗"，更多地呈现为此起彼伏、绵绵不断的运动流形式，即"缺席的在场"。在这种非典型缺席与在场的形式下，从"#MeToo"到"#BlackLivesMatter"，许多社会运动标签通过社交平台达到了传统社会运动难以想象的影响力。以"#BlackLivesMatter"为例，该运动吸引了许多名人接受这个标签并加入运动，他们使用自己的社交媒体账号来吸引人们对该运动的关注。这与过去的名人行动主义（celebrity activism）形式不同，因为当前的网络社会运动已经开始寻求改变社会中的权力结构。影响力从美国扩大到世界多个国家并引发一系列曝光的"#MeToo"作为从线上转到线下的社会运动，它比几十年来的法律和社会组织政策等更有效地改变了与性骚扰相关的规范和准则，增加了社会对性骚扰的普遍性及其破坏性的理解。

标签运动虽然已经在很多社会文化领域取得了丰富的成果，但它未来在元宇宙和人工智能主导的社交媒体中的使用和发展还有很长且未知的路要走，人工智能引导的舆论变换、信息茧房、回音室效应，以及网络中的从众与极端对立等现象，都是标签运动可能面临的巨大挑战。

·结语·

在广泛使用于社交平台的十几年里，话题标签已经从早期的分类、聚合和优化思想等服务于用户的便利性工具开始了转向，逐渐被部分企业、组织甚至政治团体所利用。后者借助网络技术浪潮，使用算法及社交机器人等人工智能技术开启了引导标签运动的道路，同时不断推动激进主义、民粹主义的抬头，使话题标签在表现形式和机制上成了在网络公共场域延续政治议程、社会运动的文化对象。

在国内，标签的发展模式尚不成熟，且由于高效的治理和监管使其并未达到引导社会运动、塑造社会文化的程度。随着 Chat GPT、文心一言、讯飞星火等大语言模型向公众开放服务，虽然社交媒体中的话题标签所具有的连接和竞争的本质不会改变，但其在社交平台中的生成和传播速度、方向及趋势等都将变得更加复杂。因此，对话题标签进行深入研究，有利于准确把握话题标签在我国网络社交平台中的发展态势，保障用户网络使用安全，提高企业、组织等的信息传播效果，为我国网络社交平台深入、良性的可持续发展提供根本性保障。

第十章

体验维度：游戏是拓展认知带宽的新媒介

让·皮亚杰（Jean Piaget）的发生认识论是关于人类知识发生、发展的理论，是对知识的结构、知识产生与发展的过程所作的分析。在他看来，知识不是头脑中关于世界的静态图像或符号，而是一种以实用的或以行为作为导向的内容体系。从其产生与发展过程而言，知识既非源自主体，也非源自客体，而是在主客体交互过程中显现并以动态形式存储于人类认知仓库。不同的媒介构建着不同的数字空间，也"决定着我们的处境"。如今，网络游戏通过深度嵌入现实世界，以高清晰度、细颗粒化的方式优化现实世界，玩家在游戏实践中产生虚拟世界与现实世界认知差，形成认知"噪音"。然而这样的"噪音"并非负面的，而是数字时代个体认知世界的新资源。数字游戏在模拟现实世界、融合现实世界的过程中首先消除了"噪音"，将现实场景完善化、丰富化和质感化，以期形成理想化数字游戏境界。然而，在玩家游戏实践的过程中，认知"噪音"以填入的形式在个体对现实世界认知的过程中呈现，实现虚拟与真实的有效转化与平衡，推动着个体认知结构的完善、认知带宽的拓展和认知逻辑的升维。萨特（Sartre）曾在《自我的超越性》中将自我的构成划分为形式在场的我（Je/I）、作为反思意识的我和作为物质在场的我（Moi/me），自我以思维为中介实现了个体存在形式、结构与场景的切换，在动态化、想象化、联系化中实现自身的认知超越。本章将通过引入皮亚杰的游戏理论，结合萨特对自我超越性的分析，探索互联网时代玩家与游戏的交互关系及其认识世界的知识生产过程，分析皮亚杰游戏理论在网络游戏发展背景下的变化，为作为认知路径的游戏创新提供新思路。

预演式媒介：在可能世界中的认知练习

与以往一切技术相比，信息技术的特殊之处在于它深度改变了人与机器的交往方式，媒介技术提供的不仅是强大的计算能力，更重要的是为人类打开了通往另一个世界——虚拟的数字化世界、通向数字化生存的大门。当前，媒介技术的高速迭代，推动人类数字文明进程不断加快，社会进入深度媒介化阶段，数字化生存成为本阶段重要特征。在愈发扁平的社会结构中，个体力量被网络激活、凝结并产生新的认知范式，以应对更加多变、未知与广阔的世界。当前，我们亟需回答两个问题来理解游戏作为媒介的重要价值：一是游戏的媒介本质究竟是什么；二是游戏与媒介的耦合对人类认知世界会带来怎样的关键变化。

一、消逝的媒介边界：数字游戏打造"脱域"式媒介沉浸体验

赫伊津哈（Homo Ludens）在《游戏的人》一书中曾给游戏下了一个定义："游戏是在特定的时间和空间中展开的活动，游戏呈现明显的秩序，遵循广泛接受的规则，没有时势的必需和物质的功利。游戏的情绪是欢天喜地、热情高涨的，随情景而定，或神圣，或喜庆。兴奋和紧张的情绪伴随着手舞足蹈的动作，欢声笑语、心旷神怡随之而起。"同时，赫伊津哈曾断言："文明是在游戏之中成长的，是在游戏之中展开的，文明就是游戏。"在数字文明时代，传播必然会带有游戏属性，因而游戏在当前社会中并不是简单的文化内容，而是人类与世界的居间媒介，具体体现在一方面是游戏与媒介的功能耦合，另一方是游戏与媒介的结构耦合。

从功能耦合角度来看，耦合主要体现在赋予用户体验的自主性和个性化。在现代社会，用户的媒介接触成为自己的一种存在方式，他们在游戏中体验自己的存在与价值。在游戏世界中，用户可以根据自己的私人喜好建立自己的化身，不再是简单均质的平均大众。用户可以将游戏变为属于自己的私人媒介，并将自

己的偏好、兴趣、行动轨迹等信息填充进去，成为自由体验的个体。从结构耦合角度来看，耦合主要体现在对"旧"媒介的改造升维上。媒介技术的发展对于旧媒介的改造并不是简单的替代关系和挤出效应，而是将其打破重组，以扬弃的主要逻辑对旧媒介进行升维，为社会提供结构性框架。同样，游戏也在升维的逻辑下进行了升级改造，它打通虚拟与现实之间的界限，甚至可以作为一个容器媒介成为所有技术的"收纳箱"和所有关系的"聚拢集"。

简·麦戈尼格尔（Jane McGonigal）曾说："游戏将是 21 世纪重要的媒介，成为塑造未来的主要平台。"游戏之所以吸引人，是因为它创造了一个虚拟的世界，丰富的体验让玩家沉浸其中，并借此跳出日常生活的物理空间。游戏最重要的特征之一便是它在空间上与日常生活的脱离，是一个跳脱出现实生活，无关现实功利的虚拟场景，这也是其超越传统大众媒介的重要原因。传统大众媒介，无论是纸质媒介还是视听媒介，其带来的体验本质上都是一种二维框架下的离身体验，而游戏综合了生理连接、心理连接和时空连接，追求形成全方位的深度的综合感知体验。当前，游戏以强调"信息传播的遍历结构"的范式出现，打通人类肉身与无机物机器的二元区隔，将人与环境构造为连接、转换、生成的动态整体系统，在人与环境耦合的脱域世界里，社会时空感与媒介边界感逐渐消弭。

二、扩张的个体行动自由：数字游戏创新"破域"化认知升维实践

在传统大众传播时代，个体的行动自由度远远不及数字文明时代。尽管传播主体的划分变得多样化，但是基本分类依旧沿着信息传播属性划分，例如用户黏性高 / 低、用户活跃度高 / 低，个体特质有没有被充分激活，因而大众是信息为基本构成单位的"信息人"。而游戏的重要作用就是要打破传统传播时代所框定的信息域，解放人的充分自由权，传播主体需要遵循"以玩家为中心"的原则，成为"游戏人"。在虚拟情境中的交往人，无论在感知、身份、行动还是交往规律的意义上，都具有具身的多重性，也因此获得多重自我。在这个过程中，游戏的破域主要体现在一点上，即打破信息域，构建认知域。

认知是个体形成情感表达、促成行动实践的前提因素和首要基础。首先，在游戏世界的信息消费已经从强制性消费变为主动探索消费。用户可以在游戏的结构性框架中自行创造，通过更为充分的行动自由搭建属于自己的认知世界。这就表明，游戏可以充分理解用户的认知需求（Need for Cognition，NFC），可以让用户自行选择在信息处理过程中所付出的认知努力。其次，游戏也实现了精准的信息传播和认知弥合。游戏所提供的差异化认知资源呈现方式，可以适应不同用户的思维习惯和认知方式。当数智技术成为我们认知的"座架"，人类认知能力的发展或将出现前所未有的分化与分裂。游戏提供了一个中间地带，认知带宽的突破基于游戏媒介的不同属性呈现不同的特点，例如，它可以是一种社交媒介，可以建立一个虚拟共同体；它可以是一种教育媒介，可以借助严肃游戏（serious game）和功能性游戏完成知识的传授。同时，"信息域"的核心是利用信息消除熵、消除不确定性，延伸用户的理性维度；而游戏要构建的"认知域"强调的则是个性与自由，是让从前不被看好的非理性要素回归到游戏中，进而构建理性与非理性交织的认知域。

从"脱域"和"破域"两个层面理解"作为媒介的游戏"，可以发现它是一种知行合一的新型媒介，是一种无缝连接虚拟与现实世界的混合态媒介，是提升人类社会探索可能的预演式媒介，其游戏化的传播机制与模式为其他媒介提供了改善效率和用户体验的借鉴，也给予了我们认识世界、理解传播的新向度和新方式。

第二节

形式在场：提供无限丰富的认知资源

形式在场是个体认知世界过程中自我得以显现的重要环节，以个体行动的自由化与多样化为特征。数字游戏关卡的创新设计为用户打造了更为丰富的虚拟场景和全新的认知世界的体验。在海德格尔看来，"世界本身不是一种世内存在者。但世界对世内存在者起决定性的规定作用，从而唯当'有'世界，世内存在者才能来照面，才能显现为就它的存在得到揭示的存在者。"世界结构对个体存在形式产生着影响，具体的世界场景决定个体真身的显现状态。萨特曾借鉴海德格尔对世界内涵的阐释，将自我的形式在场定位为"我"（Je），即一种置身于单纯行为活动中的"我"。如今，数字游戏作为用户认知世界的重要路径，正在通过搭建丰富、饱满、完善的"去噪"化的游戏场景塑造用户多样化的自由行动之"我"。

一、练习游戏：虚拟场景图式打造认识世界的感知运动

练习游戏是皮亚杰在研究儿童心理发展过程时提出的，他将练习游戏作为游戏影响认知的首要环节。练习游戏也可称为感知运动游戏，是一种"借助简单的、单程的行动去感知事物的状态"。对练习游戏的分析主要基于初生儿童对未知物理世界的探索。皮亚杰认为"在生命开始，只有一种系统，这种系统可以称为感知运动图式（schemata）。然后这个基本的感知运动图式便分化成为新的运动系统（习惯）和新的知觉组织。它通过吸收新的因素而且还和这些新的因素一起，通过进一步的继续分化，构成了一个更加广阔的、有组织的整体"。数字化生存时代，移动网络在搭建全球互联的结构体系过程中，达成了麦克卢汉"地球村"的伟大设想，全球用户在虚拟网络中的普遍联系使得世界在新时期呈现出社会时空聚集缩小与文化内涵膨胀丰富的特征。《黑神话：悟空》通过将社会发展历史时空进行浓缩，使得时空转换甚至空间中的他者在现实世界中所留下的痕迹以"噪声"的形式被剔除在游戏制作之外，虚拟场景成为个人独自认知世界的模拟游戏。数字游戏以优质的游戏画面、完善的游戏场景与饱满的文化内涵呈现，为用户提供更具视听冲击力的模拟认知现实世界的练习游戏模式。在游戏出海的过程中，它极大地促进了中国诗词、古建筑及生命哲学思想的传播，也调动起全世界游戏用户对中国传统文化的多元解读，引导用户在游戏中建构自己认识世界的逻辑体系，成为用户探索广泛未知世界的重要路径之一。

用户选择数字游戏认识世界的过程中，主要通过角色扮演和感知运动练习帮助自己形成认知世界的图式。"角色扮演是个体处在他人的位置，按他人的角色规范来做事的过程。"数字游戏以"去噪"化的完美虚拟场景与多元人物角色选择为玩家打造丰富的数字化生存体验，帮助玩家以企业经营家、士兵、空乘等不同身份建构个体与他人、世界的联系，尝试在脱域中形成个体对未知世界的认知练习，以获得对世界的新体验与新感知。皮亚杰认为"智力实际上在预言之前就已经出现了，这就是说，在运用预言符号（即内在化了的预言）的内心思维之前就已经出现了。这种智力是以玩弄客体为基础的一种完全实践性的智力；它是运用那种动作图式感知与动作的，而不是运用字句和概念。"用户在进行网络游戏角色扮演的过程中通常也伴随着行为实践活动的开展，他们通过作为身体外延的键盘、鼠标、电子屏幕掌控角色的四肢及其行动过程，以此把握角色的意图、态度、认知甚至情感，实现个人对游戏虚拟场景中的感知运动实践的自由选择，个性化、多维度地开展对未知世界的探索练习。

二、同化：游戏场景的个性化演化出搭建立体式数字分身的认知结构

同化（assimilation）是个体认识世界过程中外部世界图式与内在认知图式间存在的互动关系之一。皮亚杰将其与"刺激—反应"模式相连接，认为"刺激的输入是通过一个结构的过滤，这个结构是由动作图式（在达到较高水平时，即指思维的运算）所组成。当个体行为仓库要适应并满足现实需求时，这些动作图式又进一步得到改变和充实。刺激输入的过滤或改变叫作同化"。感知运动阶段是个体接触未知世界新刺激最为频繁的阶段，个体主要依赖感觉与知觉动作适应外部环境，这也是同化过程最为活跃的阶段。游戏用户在经历全新的游戏环境时，常常通过采用不同的游戏道具、角色动作及游戏路线等以适应不同关卡的挑战，通关失败时用户将已有的错误感知运动实践筛出通关线索的动作图式，在自身对关卡环境的认知中以新道具、新角色、新路线等的选择做出反馈，并在游戏成功时将该游戏路线中的感知运动实践纳入个体行为仓库，同化为自身认识世界的新

路径。

由于感知运动阶段的实践活动具有练习性，这一阶段中同化的过程常常反映出以自我为中心的特征，皮亚杰认为"绝无单纯理智动作，（事实上）其中夹杂着无数的情感、兴趣、价值和和谐感等，同样也没有单纯的情感动作"，用户在开展网络游戏活动的过程中通过角色带入实现数字分身，此时的个体对世界的体验与认识"只是一个未经分化的整块或一些散布在同一平面的事物，它既不是内在的，也不是外在的，而是在这两端之间的一种中间状态。一切被感知的事物都成为主体本身的活动"，个体在游戏场景中的体验被裹挟进自己的本能、感知、情感、欲望、意志等组成的主观世界中，游戏的预演被用户赋予了全部的主观情感与个人特征。不同用户选取相同角色、相同路径、相同道具等也会获得完全不同的游戏体验与游戏结果，同化在用户认识世界的过程中呈现个性化特征。此外，游戏用户不仅将自己代入虚拟角色，在游戏进程失败 / 中断时，他们还会以上帝视角分析游戏场景、关卡、道具与人物等设计，基于游戏设计者的视角进行分析，从宏观与微观两个维度把握游戏逻辑，在以数字分身拓展个人体验的同时，建构更加完善、立体的认识世界的思维模式。如此，游戏角色和环境的可控性，使得用户在游戏过程中习得的技能、知识、情感等被"巩固"和储存在个体的认知仓库中，并增强了个体认知世界的能力与信心。

第三节

思维在场：虚实之间的认知迁移

思维活动同样是作为行动者的"自我"行为实践的样态之一。思维在场强调个体思维活动中对某一场景之下"意识"的再度调取，能够帮助个体实现自身在世界中存在的转场，让彼时彼刻再度被唤醒、被感知。"比如，刚才我埋头读书，我要努力回忆我阅读的环境，我的姿势，我读的书页。因此，我要重新唤起的不仅仅是这些外部细节，而是某种厚重而又未被反思的意识，因为各种对象只有通过这种意识才能被感知。"因此，思维在场的本质在于对个体整体意识的调取，以实现自身对当前与过去世界感知的成功切换。游戏用户在推进游戏故事演进的过程中，思维在场通过激活个体在游戏实践中的成功经验和失败教训意识的调取，帮助其在面对游戏新场景新关卡时实现自发性与创新性的游戏突破，达到用户角色升级及用户对世界认识的升维。

一、象征游戏：数字游戏符号的生产运作形成前运演思维

萨特指出，在感知运动性智力或感知运动性活动第一水平上获得的东西，并不是一开始就能在思维水平上得到适当表现的。活动的内化意味着需要将其概念化，因此，作为由一定目的引起的活动象征，在此便起到了重要作用。象征的本质是一系列被分化的信号物，而信号则是个体所习得的外界原型。象征游戏便成为用户将游戏活动进行内化的重要过程，它"是个人的认识与情感再现的根源，也是个人再现的图式化的根源"，其运行离不开符号的生成。象征游戏符号的形成并非个体化行为，而是基于诸多游戏用户、游戏设计者和游戏传播者等共同合作形成，其不仅包含游戏内容符号的建构，还涉及玩家个人符号的形成。当前，"数字游戏是一个开放性符号场域，玩游戏是人类的一种创造性表意实践。"象征游戏作为个体适应外界环境的手段，个体往往直接将自己已有的信号物仓库加诸现实，使得现实世界被自我已有认知同化，并一同顺应了感知运动阶段所形成的游戏思维，以加速个体对世界的认识进程。

"以自我为中心"是用户在感知运动阶段形成的认识世界的方式，以可控的身体与游戏环境为特征。然而，当用户退出数字游戏，再度面对不可控的现实世界，个体试图从曾经的脱域达到破域的境界，使游戏中建立的对世界的认知与对现实世界的认知实现融合互动。在此过程中，个体一方面需要解除自我中心化的认知方式，以个体的现实在场为依据体验、感受和理解世界；另一方面个体曾"在感知运动水平上所已经获得的东西现在必须在一个新的平面上重新建立"，对世界的认知活动开始在概念或概念化了的活动之间进行，而不再只是在运动之

间进行。因此，用户开始以思维为中介，实现自身在游戏场景和现实场景中的切换，将游戏世界中的自我意识通过调取使其实现在现实当下的在场，个体通过在现实世界中寻找与游戏道具、角色、场景相对应的存在物，创造性地解读游戏文本，挖掘游戏世界中的符号与现实世界所对应的符号意涵，形成符号与意义的新组合，在游戏符号的运作中超越个体理解现实世界过程中对游戏角色行为活动的单程依赖。此外，用户在游戏中的经验、情感与记忆也会形成独特的个人符号，并重塑着用户在认识现实世界的过程中与世界的互动形式。

二、顺应：数字游戏功能的增加拓展玩家认知带宽

皮亚杰认为，个体在认知世界过程中，外部刺激所带来的"内部图式的改变以适应现实，叫作顺应"。顺应是世界图式与个人图式发生冲突时，个体为避免认知不协调而采取的应对方式。在前运演阶段，象征游戏作为一种功能游戏，以思维为中介，将用户在游戏中的体验、感知与情感同用户的现实在场进行关联，并依据个体的需求进行随时转场。这一方面可以丰富用户对世界的认知体验，另一方面可以为用户应对未知世界提供可能性对策，形成游戏世界与现实世界在思维中的链接，帮助用户实现自由切换与随时选择性在场。"顺应"是用户对游戏逻辑的顺应，同时它能帮助用户将现实世界同化入自己对游戏世界的认知体系中，降低认知世界的难度与风险。将未知的世界因素转换为已知的游戏世界图式，以顺应个体在感知运动阶段所搭建的世界认知行为逻辑和前运演阶段形成的认知符号体系，快速达到拓宽认知带宽的目的。

所谓功能游戏，即严肃游戏（serious game）与应用性游戏（application game）的总称，区别于纯娱乐游戏，旨在为用户提供体验机会和学习机会，以游戏范式传递正向社会价值。因此，象征游戏功能属性的实现关键在于游戏场景和现实场景在以思维为中介的交互中展现出较高的匹配度，为用户进行游戏文本符号化和个人符号化提供具备现实接近性的对应存在物，从而为用户提供逼真的世界认知体验和知识，实现用户对认知现实世界意识的及时调取切换与思维在场。如今，诸多数字游戏设计者以虚实结合的方式构思游戏文本，以现实场景为依据

搭建游戏模型，将现实世界的知识以优秀的传统文化符号的形式融入游戏角色、道具、场景及文本之中，拓展了纯娱乐性游戏的功能，使得游戏世界与现实世界的认知不割裂、不中断、不延迟，将游戏世界发展为现实世界的拓展屏。用户以思维在场的形式便可有效实现世界的切换，为个体认知带宽的拓展提供更为广阔的认知世界资源。2024年《黑神话：悟空》通过对中国经典文学名著《西游记》的改编，将游戏关卡与全国范围内的36处景点相关联，增强了游戏的真实性与文化深度，并将"踏平坎坷才能成大道，斗罢艰险方可再出发"的个体成长经验以丰富的游戏文化符号展现出来，实现了将认知现实世界的经验和知识融入虚拟的游戏设计之中，加快了用户从感知运动阶段向前运演阶段的升级过程，引发了全球游戏用户的广泛关注，真正意义上实现了游戏认知功能的虚实相生。

第四节

物质在场：动态化的认知强化过程

物质在场是通过个体与现实世界交互完善个体认知结构的关键一环。萨特认为，一个"我"永远不会是纯粹形式的，"我"（Je）总是——即使是抽象设定的——物质的"我"（Moi/me）的无限收缩（contraction）。我们每一个行为的基本结构都是对"我"（Moi/me）的召唤。对"我"（Moi）的回归对每一种意识都具有建设性的意义。当前，数字游戏媒介以人的肉身物质性为基本中心，将个体属性作为基本锚点，通过非线性、自组织涌现的方式，不断打造更加友好化的用户接入方式，将场景、信息、环境、规则自由灵活地组织起来，实现数字游戏与现实世界交互。在这个过程中，社会规则脱离了工业时代的效率至上，转向追求人的"自我"实现与超越，游戏发生与生活发生的互构也通过个体的"物质在场"被不断强化。

一、规则游戏：游戏场景与生活实景的关联启发具体运演思维

规则游戏阶段标志着游戏用户从完全"以自我为中心"的游戏模式向以世界客观发展逻辑为中心的游戏模式的过渡。当人类走出几千年来始终困扰人类的物质匮乏的困境后，游戏将是人类的归途，它可以赋予人类成就感和刺激，帮助人类宣泄现实社会的压力，抵抗在物质富足后现代人普遍的精神困境。在数字文明时代，由于绝对性和系统性的短缺已经不复存在，社会呈现出盈余的特征，这构成了数字文明社会的基本背景。传播资源的盈余为社会规则提供了转向的内驱力，而游戏媒介在构建盈余时代的有效传播方面大有可为。通过游戏，人们的认知水平和理解能力得到进一步提高，进而将游戏思维反作用到自己的现实生活中，通过有规则的游戏体现出社会性行为的规范性，并一直延续下去。

从虚拟到实存的富有表现力的过程，从来都不是完全顺畅的，"再噪化"是十分有必要的。在一般的传播理论中总会强调内容传播的优先性，将传播的通道作为媒介的附属品，最大可能地清除通道中的噪声干扰，成为信息顺畅传递的重要前提。而游戏对于现实的改造，让我们意识到了媒介本身的优先性。这种优先性就体现在噪声要素的再嵌入。当前，游戏作为媒介发展的过程中可能存在各种与现实世界相悖、AI幻觉等问题，但这些"噪声"不仅仅是传播的附属品，亦或负面的消极之物，还是游戏进行认知创新和认知升级的关键资源。其实，"去噪"和"再噪"是一体化、联动性、系统性的过程，前者是通过技术强化增强现实世界的资源化、要素化、情感化，后者是通过内容再创新搭建认知环境和认知需求的动态化演进结构。

当游戏介入传播实践，人类的"个人—社会"的基本关系网络会变为"个人—游戏—社会"的关系链，传统的"个人—组织—社会"的关系格局将被充实乃至部分替代，最终游戏社会化将会过渡到社会游戏化。以教育游戏为例，数字教育游戏具备娱乐性强、交互性强、反馈多元等特点，能够有效减少课堂与实际生活的差距，提高认知、情感参与，从而激发学生的内在动机以发展思维能力。

在这个过程中，游戏媒介通过整合逻辑，将学生、游戏角色、教学资源等微粒化要素编织进结构性框架中。学生可以将游戏里学到的知识和规则应用到现实世界，显然游戏拓展了学生的认知边界与创新思维模式，帮助学生实现了从低能到高能、从单能到多能（Single Ability to Multiple Abilities）的全面发展。反观当前爆火的 3A 游戏《黑神话：悟空》，制作团队将现实中的中国古典名著、古典建筑、古典音乐纳入游戏世界，甚至对全国多处名胜古迹进行了实景扫描，这使得用户在玩游戏的过程中增进了对中国传说文化的理解，在"个人—游戏—社会"的框架中完成了文化认知框架的升级。

二、平衡：数字游戏与现实世界的互动融合丰富个体认知逻辑

麦克卢汉强调："媒介引起了人间事物的尺度变化和模式变化，媒介改变、塑造和控制人的组合方式和形态。"作为一种与社会相生相伴的媒介，游戏早已嵌入认知发展的各个阶段。心理学家皮亚杰认为，认知的形成是主体向内部构造的过程，通过"同化—顺应—平衡"的机制，达到对信息的理解，在平衡与失衡、适应与改变的交替中认知不断被建构和完善。同样，在平衡阶段，认知结构与游戏传播特性的互动融合主要体现在三个层面：时间平衡、空间平衡和关系平衡。

在时间平衡层面，主要体现为对认知图式的改造。心理学家巴特利特曾提出认知图式的概念，认为图式是对过去的反应或经验的积极的组合：个体必须学会如何把图式拆解成要素，并适用于自己的图式，认知要素是传播效果的过滤器和撬动点。游戏媒介在个体认知图式尚未形成的早期阶段，通过抢占信息的定义权，先入为主地参与认知图式的生成过程。在中期阶段，游戏将认知要素充分拆解，并以坐标或者地图的方式进入大众的认知图式，信息要素也被编码进入坐标框架，发挥支点效用。在后期阶段，认知图式升级完成，游戏嵌入传播，并以社会大众的认知图式为基本点，锚定"共同叙事点""共同解释项"，实现传受双方认知结构的拟合。

在空间平衡层面，主要体现为游戏化生存场景的碎片化。游戏是介于虚拟

与现实、家庭与工作之间，融合真实元素与想象元素的第三空间，一面吸纳与收编现实世界中的社会要素，一面通过游戏表达创造新型空间。场景分布不再是传统意义空间上的连续性和完整性，而是基于大众的算法匹配和个性娱乐需求，形成碎片化、微粒化的场景形态。游戏将人们的流动的、富有个人特性的碎片化场景串联起来，进而重构数字时代的游戏化生存的场景序列。与此同时，在游戏媒介对于虚拟空间与现实空间的突破中，个体行动的自由度扩大使得具身认知拥有了更为生动的社会实践，认知结构对于场景的嵌入程度和嵌入方式因游戏媒介的发展而强化。

在关系平衡层面，主要体现为弱关系的量变与质变。在数字技术的解构作用下，传统科层制社会的亲缘关系、地缘关系和强关系被瓦解，趣缘关系和弱关系成为社会动员的核心力量，而游戏为弱关系的发展提供了数字化场景。一方面，游戏机制通过人类形体和行为的数字化，使算法与人工智能等技术在离身的条件下构建出更为紧密的连接，例如游戏中的用户通过弱关系的群体共享，构建离身的亲密关系。鲍曼（Bowman）把这种在流动液态场景中随意相聚又分散的群体称为"衣帽间式共同体"。另一方面，游戏为弱关系提供了更具有社会意义的实践空间。在互联网时代，虽然弱关系已经基于网络形成，但基于人们现实生活与工作的需要，弱关系也开始向强关系倾斜，无法形成社会力量。本尼迪克特·安德森（Benedict Anderson）曾提出"想象的共同体"，这个共同体的成员绝大多数都是分散的，但他们能够通过某种媒介想象出一个把他们联系在一起的整体。在这里，游戏就充当着这种想象媒介。弱关系在想象媒介中实现了更高层次的凝结和协作，使得不同组织、不同个体、不同族群均能获得"想象共同体"的感觉，不断根据本体取向和环境可供性完成行为实践。

·结语·

在许多语境中，游戏性被视作游戏活动的本质属性，被建构为各种严肃、有意义的活动的对立面，其发展需要被控制。然而，控制并不是一个消极意义的词汇，而是中性状态的描述。在万物互联的传播生态下，媒介对于大众的赋能、赋权与游戏越来越相似，而游戏对认知的拓展是未来传播范式变迁的一个重要突破口。皮亚杰曾在游戏理论中将"形式运演"定位为较高维的认知阶段，"在这个阶段，认识超越于现实本身，把现实纳入了可能性和必然性的范围之内；从而就无需具体事务作为中介了"。至此阶段，网络游戏在人与世界互动中形成了在游戏之中—在游戏符号之中—在游戏现实场景之中—在游戏之外的完整路径，帮助用户实现了认知的升维。人与游戏的关系不再是娱乐依附关系，游戏成为现实世界的组成部分，成为人认知现实世界的有效模拟，创新了人关于世界知识的生产路径，提高了人关于世界的知识的生产效率。虽然游戏并不能解释一切，但游戏的传播范式有利于人准确理解传播需求、把握传播逻辑。以受众为本的传播理念是媒介发展转型的底层逻辑，想要构建媒介与人共同的态势感知（shared situation）、共同的演化模型（shared predictive model）、共同的行动规范（social norm）、共同的价值观（shared value），实现价值对齐，游戏或许能为我们提供一个清晰的解决方案。

第十一章

智能维度：变革认知带宽的生成式 AI

分布式认知：把认知任务分配出去

媒介环境是空间、资源、技术、人和活动等要素的统合。2022 年 12 月 ChatGPT 发布后，大规模生成式预训练语言模型就引发了各行业的热烈讨论，也带动了一系列人工智能技术的快速发展。技术究竟如何拓展人们的生活实践空间，如何延展和拓宽人们的认知带宽，是一个重要问题。媒介技术对于社会发展的变革存在两种机制：一种是改良机制，一种是革命机制。改良机制是指完善和调整技术内部的系统要素，在微观层面对社会系统进行点对点的有序改良，在媒介特性的基础上降低社会发展的复杂程度和无序性。对于革命机制而言，传播不再只是社会结构中一个组成部分，而是构成了整个社会形态的基本要素，传播编织的网络就是社会结构本身，将社会发展按照传播逻辑、传播法则和传播认知进行打破重组，因此，革命机制是一个大规模、根本性的变化过程。尽管技术与人是社会发展中的两个不同要素，但生成式 AI 的出现，将人机关系从"我—它"关系推向了"我—你"关系。智能技术延展了人的认知，而人也成了技术的延伸。当前，作为一种新的通用技术，生成式 AI 依然遵循着"创新扩散 S 曲线"的发展规律，已经从早期的技术驱动转向生态驱动，并在模型的阈值、技术落地场景等方面取得很大突破，这标志着其技术的成熟度和市场的接受度不断得到提升。因此，生成式 AI 不再被理解为物体，而是被同化为人在知识获取、保留和分享过程中的认知能力的延伸。

分布式认知（distributed cognition）是指认知分布于个体内、个体间、媒介、环境、文化、社会和时间等要素之中。哈钦斯（Hutchins）基于对舰艇导航过程中的协作认知过程开展的民族志分析，正式提出了分布式认知这个概念，并认为它是重新思考所有领域认知现象的一种新的基本范式。从资源的分配角度出发，分布式认知强调的是内部表征和外部表征的整合。内部表征是指个人头脑内的知识和结构，外部表征则是外部环境中的知识和结构。认知活动可以被看作是在媒介间传递的一种计算过程。从一定程度上来说，媒介既可以是内部的（例如个体的记忆、感受等），也可以是外部的（例如数据、地图等）。分布式认知通过多源的信息整合加工，将认知和思维进行拓展和延伸，将物理空间、社会空间和技术空间中能够延展认知的要素整合在一起，进而深刻地改变了媒介环境和认知带宽的发展进程。

知识是认知的基础要素，数据是人工智能的重要原料，加强知识生产与数据的融合可以提升认知能力。无论技术的整合能力多么强大，其本质还是基于数字化的信息重组，而语言表达过程中被 AI 技术遮蔽的、无法数字化的部分恰恰是知识生产中非常重要的部分。人的认知过程并非局限于大脑的黑箱，它不仅依赖于大脑与社会之间的耦合，还发生在异质性的动态系统中。从生物进化论的角度看，人的认知之所以能从低级向高级进化，是因为人们可以将认知任务卸载（offloading）给环境，创造具有认知意义的技术产物，例如互联网、生成式 AI 等。在动态系统中，技术、人和社会制度使得人们的认知能力并不是恒定的，而是随着外部要素的变化而不断变化。罗杰斯（Rogers）认为，分布式认知是一种从知觉、社会与组织等多角度探索人类多层次认知的混合方法，这一方法强调了对个体认知边界的突破。技术构成认知。当前，生成式 AI 在一定程度上是一种分布式认知技术，它有助于个人在特定的交互过程中完成认知任务，其特征如下。

一是生成式 AI 以功能系统为分析单元。这个系统包括认知主体、技术环境及所有参与认知的事物。生成式 AI 打破了以往人工智能系统的单一性和独立性局限，更加注重系统的开放性和可扩展性，通过与其他系统进行无缝对接和协同工作，构建起庞大的智能生态系统。二是生成式 AI 关注技术系统内各种交互作用。在分布式认知视角下，外部的事物 / 技术环境不仅是单纯的刺激物，还是认知系统的一部分，认知发展体现在特定环境下各认知主体间及认知主体与技术环境间的复杂交互作用中。三是强调信息的表征加工过程。分布式认知关注系统中不同认知主体间知识传播与信息表征的方式。生成式 AI 基于的是认知主体间认知的共享认知（shared cognition）和人类心智与外在事物的卸载（off-loading）。在认知活动过程中，认知活动的高密度部分可以从大脑移交给身体及其他一系列的物质性、表征性媒介。生成式 AI 更加注重知识的运用和整合，通过结合多个领域的知识库和数据库，生成式 AI 能够实现知识融合和认知卸载。四是重视技术的认知价值。技术的认知含量包含两重含义：一是人们将知识和经验固化到技术之中，二是认知主体在完成任务时利用技术来提高认知效率。生成式 AI 在"提示—响应—反馈—调整响应"的持续对话中展示出了独特的渐进性。在每一轮的人机交互结束后，生成式 AI 都可以通过强化学习对用户的提问进行解码重编，并将其注入下一轮的对话策略。

分布式认知从系统层面考察媒介环境中的认知变化，关注系统内不同认知主体间的交互作用、具体情境对认知发展的影响。生成式 AI 作为一种生成式认知技术，帮助人类协调内部表征与外部表征，呈现出交互性、具身性和认知性，而人工智能技术也借此迈入了认知智能阶段。认知竞争催生了个体有限认知条件下的信息生产与分配的问题，由于个体的生理带宽和认知带宽的有限性，生成式 AI 就必须通过资源分配最大程度地利用受众稀缺的认知带宽。分布式认知强调，在人类认知与行为的交互中要充分考虑其他介质的影响，因此，从分布式认知视角出发，我们需要把握技术发展对信息加工过程的重构，以及技术促成分布式认知活动的交互和协作。

第二节

数智时代：认知带宽及认知结构的重塑

生成式 AI 对于认知的影响是一个复杂的社会问题。生成式 AI 并不仅仅扮演着工具的角色，更是一种变革社会的动力，对于人们的传播行为、传播方式、传播实践都会产生重要的影响。要深入理解这种革命性力量，我们可以从认知带宽的变革和认知框架的重构这两方面考虑。

一、从信道带宽到认知带宽：不同时代浪潮下的认知带宽变革

1948 年，信息论之父香农（Shannon）在《通信的数学理论》中将信息传输边界与带宽相联系，将信道容量看成信道带宽和信噪比的函数，进而引入了"互信息"和"信息熵"的概念，互信息代表了传输过程中有价值信息的量，信息熵描述了信息中不确定性的概率。基于此，带宽具有两重属性，一是容量，二是相对概念。将信道带宽与认知领域的空间对标便可衍生出认知带宽的内涵。认知带宽首先由行为经济学家穆来纳森和沙菲尔提出，指个体在处理信息过程中可用认知容量，其不等同于某人与生俱来的认知容量，而是对其当下用得上的认知容量的衡量，是人们在做出抉择时所具备的认知层次和认知范围。从行为经济学的视角来看，认知带宽是在稀缺环境下个体受非理性思维影响后所能展开的实际认知空间，是个体调节注意分配、处理有用信息，拓展内化知识、实施理性决策行为的认知自洽能力。

纵观媒介的发展历史，媒介技术与信息流变下沉至个体的认知空间，使得不同媒介的发展阶段个体呈现出差异化的认知带宽。时间与空间是传播所蕴含的基本维度。根据美国著名未来学家阿尔文 · 托夫勒（Alvin Toffler）的第三次浪潮理论，我们可以将人类社会划分为四个阶段，即农业阶段、工业阶段、信息化阶段和智能化阶段，并结合生产范式的转变和信息实践形态的百年历程，探索不同时代浪潮下认知层次和认知带宽的变化（如表 11-2-1 所示）。

表 11-2-1　不同时代浪潮下认知层次和认知带宽的变化

时代	信息实践形态	认知领域	认知层次	认知带宽
农业阶段	观察与经验积累	自然环境	主观认知和实践经验	狭窄—关注自身
工业阶段	机器生产、传统的信息加工方式	科学技术	实证与效率至上	有所扩大—探索自然科学规律

时代	信息实践形态	认知领域	认知层次	认知带宽
信息化阶段	互联网信息、知识密集产业	信息资源	抽象思维与信息流动	逐步扩大—创新社会生产力
智能化阶段	人—场—物的深度融合	大数据、多模态	超越认知层级，追求 AI 共生	继续扩大—关注万物互联、人机关系、智能社会形态

在农业阶段，人类从原始野蛮的渔猎时代进入以农业为基础的社会。其社会的信息实践形态是以观察社会与经验积累为信息外部表征，个体的认知领域主要以自然环境为基础。此阶段的媒介传播形式以口语传播为主。个体所处认知层次的核心是主观认知和实践经验。虽然个体具有平衡、和谐的感知，但此时的认知带宽较为狭窄，以关注个体自身为主。

在工业阶段，不能再生产的化石燃料成了能源基础，人类的技术突飞猛进。对于信息实践形态来说，机器生产开始进入社会实践系统，而传统的信息加工方式成了传播表征。对于认知领域来说，它从自然环境过渡到了科学技术。此阶段的媒介传播形式以文字传播为主，人类地域的空间界限被打破，传播的广度有所增加，这也促使个体形成了一种单一、线性、理性化的思维。个体所处认知层次的核心是实证与效率至上。在工业阶段，个体的认知带宽有所提升，开始探索自然科学规律。

在信息化阶段，信息实践形态是互联网信息和知识密集产业所组成的工业群，个体的认知领域以信息资源为主，社会进步不再以技术和物质生活标准来衡量。个体认知层次的核心是抽象思维和信息流动。在这个阶段，人们的认知带宽逐步提升，并开始追求创新社会生产力。

在智能化阶段，信息实践形态变成了"人—场—物"的深度融合，这使得个体的认知领域扩展到大数据和多模态领域。电子媒介的出现，延伸了个体的身体和感官，这搅动了原本的感知平衡，使得感官系统必须谋求新的平衡。个体所处认知层次的核心是超越认知层级、追求 AI 共生。在智能化阶段，个体的认知带宽继续提升，技术本身影响着个体行为的塑造与偏向，个体开始关注万物互联、人机关系和智能社会形态。

在新的媒介形态和社会变革中，新的交互方式使得个体的生理带宽、认知带宽和价值带宽不断被重塑。在数智时代，认知已经成为未来媒介发动认知争夺和认知占有的关键节点。自生成式 AI 出现，认知带宽又进入了一个新的提升阶段，但认知问题并不是特殊时期的或者特定事件的衍生品，而是一场长期存在于各个社会领域的思维和价值观竞争，归纳认知带宽在不同时代的表现形式和变化趋势可以增进我们对认知带宽的理解和评价，这也告诫我们在未来研究媒介技术的认知效果时，广度和深度并不是唯一的考量指标，关键点是时代变迁与认知层级和认知带宽的适配度是否一致。

二、分布式认知视角下生成式 AI 对认知框架的构建

当前关于生成式 AI 与人类关系的探讨，可以归纳为替代关系或增强关系。对学术生产而言，生成式 AI 驱动学术研究范式从传统的四范式向第五范式迭代，继而从增强角度提出生成式 AI 作为工具的价值，从替代角度提出生成式 AI 作为主体的价值。观察世界的视角并非恒定，研究者对于生成式 AI 的认知不应当局限在二元的视角下，可以从系统观出发，将生成式 AI 作为分布式认知的一个模块或单元。分布式认知强调认知现象在主体和环境间分布的本质。例如，在学术生产流程中，生成式 AI 既可以作为一种工具辅助和增强主体认知，也可以成为学术研究的对象，甚至还可以成为认知的主体，就当前的学术环境而言，生成式 AI 或许已经全面融入学术生产流程，例如文献检索与管理（ResearchRabbit.ai）、学术资源管理（Zotero-GPT）、科研助理（AMiner AI）、翻译润色（Jasper.ai、Quillbot）、多模态文本分析（XBL507）、预测模型（AlphaFold2）等环节。关于分布式认知框架的探讨众多，有研究者认为分布式认知框架由主体、客体、工具三要素构成，也有研究者认为三要素应该是主体、客体、环境。显然，各种框架对于工具和客体的理解存在重合与缺失的部分，本研究认为分布式认知视角下普适的认知框架应由主体、工具、客体、环境四要素构成。

第一，认知主体由分布式认知过程中所有参与认知活动的模块构成。在生成式 AI 参与的认知活动中，其在某种程度上呈现主体化趋势。具体而言，在学

术生产中以往需要以人为主导的数据收集与分析、科研预测、假设验证等环节现在可以移交给生成式 AI 完成，由生成式 AI 收集数据并分析数据，在文献基础上提出假设，提升科研效率。在结构生物学领域，DeepMind 公司开发的人工智能程序 AlphaFold2 能够预测大量不能直接验证的假设，并在蛋白质结构的三维预测领域实现了重要突破，如今已有诺贝尔奖得主的团队将 AlphaFold2 结构预测与传统结构比对程序相结合，据此实现蛋白质结构的自动化检索，相关成果已经发表于 Science 期刊，得到了主流学术界的认可。

第二，认知客体是认知主体认知作用的目标和对象。生成式 AI 的出现在极大程度上延伸和拓宽了认知对象。具体而言，本研究以学界热议的错误信息（Misinformation）、不实信息（Disinformation）和社交机器人（Social Bot）为例，传统意义上的错误信息和不实信息由人类参与生成，如今的错误信息和不实信息已经开始由生成式 AI 参与生成。更严重的问题是，人们难以分辨人类生成的内容与人工智能生成的内容（AIGC）。在人工智能生成的内容基础上，还有人工智能驱使的渠道（社交机器人），部分群体借助社交机器人进行标签挟持，在各种争端中发挥引导网络舆情的作用。毫无疑问，内容和渠道的结合仅仅是显而易见的实例，此外还有各种新的对象持续涌现。生成式 AI 无疑丰富了认知客体，为认知带宽提出了新的挑战。

第三，认知工具是延伸和拓宽认知的有效手段，可以降低认知难度和认知工作量。在技术发展的道路上，技术造成的问题会由技术自身解决。生成式 AI 对传播生态的席卷，一方面增加了传播生态的复杂性，增加了主体的认知负荷，另一方面也为我们提供了新的抓手与工具，降低了主体的认知难度。例如，面对海量的学术文献，ResearchRabbit.ai 可以辅助主体重新想象研究，根据主体兴趣推荐相关文献，互动式探索文献，直观了解不同文献之间的关系，具备强大的文献管理能力，支持多主体协作，提升科研效率。

第四，分布式认知研究的是包含认知主体及其所处环境的系统，认知环境是认知主体所依托的环境中各构成要素的集合，以系统的观点将看似无用的环境纳入研究框架。新要素注入下的演进与改变并非都是显而易见的，例如生态环境的改变并非一蹴而就，而是需要长期的关注和比对。对于新技术而言同样如此，对于智能手机而言，iPhone 是智能手机得到普遍承认的一个关键时刻，VR 技术诞生已久，但是堪称革命性的 VR 产品是否已经诞生我们尚未可知，而生成式 AI 技术的关键时刻或许是 ChatGPT 的诞生。目前关于 AI 的研究日趋深入，有研究者探讨大模型背后的价值对齐，对人工智能生成内容进行标注的隐形水印技术等。对于普罗大众而言，上述研究超出了他们的认知界限，其所处的认知环境看似并未改变，但事实上变化已经悄然发生，只是大多数人难以觉察。

　　同时，分布式认知还存在于时间之中，时间作为纵向维度与横向维度关系紧密，是在系统观和过程观的统摄下的认知框架的重要维度。横向维度的主体、工具、客体、环境四要素均随时间流动而演变，这恰恰反映了认知过程的动态性，主体的认知过程会随着工具、客体和环境的变化而实时变化。而在纵向维度，即时间维度上，主体的认知可以分成三个部分，即过去、现在和未来，分别对应已有经验、当下安排和未来规划。主体认知始终处于动态变化之中，包括四个阶段：看得到、看得下去、看得懂、看得有用，它们分别对应认知的接入、保持、理解和应用四个阶段。第一，接入对应的是认知的初始阶段，即信息输入阶段，个体能够注意到并接收外部信息；第二，保持对应的是个体能够继续关注并保持对信息的注意，对信息进行较为深层的处理，而不是仅仅是瞬时的注意；第三，理解对应的是个体对信息进行解码的阶段，个体能够对信息的内容和意义形成认知理解；第四，应用对应的是个体将信息应用于实际情境或对信息的价值进行评估的阶段，个体判断信息的实用性，并可能在此基础上进行决策或行动。分布式认知在时间维度呈现出动态且逐渐深入的过程。当主体拥有丰富的已有经验便可以降低认知负荷，指导当下的实践活动；当主体在实践活动中获取新的信息，积累新的经验，其认知带宽就会提升，并根据环境变化改变对未来的规划。

提示工程：将生成式 AI 变成媒介基础设施

不同媒介技术在赋予和塑造媒介不同连接功能的机制是不同的，对于认知的延展和拓宽也不是简单的点对点的对应关系。我们需要遵循从浅层到深层、从单向到双向的逻辑来剖析，进而明确生成式 AI 究竟居于何种中介位置，连接了哪些传播要素，具备何种核心能力，同时又会给认知带来何种改变。

一、自然交互范式：生成式 AI 对认知延伸的中介

生成式 AI 对认知的延伸和拓宽是建立在沟通的基础上，分布式认知视角下，生成式 AI 作为一种工具辅助人类进行内容生产，提升人类工作效率。但是人类究竟如何调用生成式 AI 呢？自然语言成为人类与生成式 AI 沟通的工具与手段，与传统形式上基于键盘、鼠标的图形控件交互不同，以自然语言为驱动的自然交互成为人类调用生成式 AI 延伸认知的中介。自然交互范式具有细粒度、高信息通量、契合人类知觉的三大特征。具体而言，主体可以通过细腻的自然语言表达调用生成式 AI，使其准确理解和回应自身需求。此外，自然语言可以在短时间内传输海量信息，以高速、高效、高信息量提升人类的认知能力，且在显性的指令内容之外，还能够传递大量隐形的情感、情绪、关系内容。同时，自然语言以直观、无界的方式连接人类与生成式 AI，降低人类学习门槛与使用成本，生成式 AI 或以自然语言回复，或直接输出人类需要的内容，进一步实现了人类对认知的延伸和拓宽。生成式 AI 被广泛应用于健康、艺术创造等创意产业、数字营销等领域，在被认为需要创造力、预测和定制任务等行业上具有很大的价值，具有从稀疏输入数据集自生成复杂输出的能力。

二、工程哲学、工程思维与提示工程能力：挖掘生成式 AI 的最大认知能力

随着人工智能技术的迅猛发展，生成式 AI 特别是以 ChatGPT 为代表的大语言模型，正逐步展现出其强大的内容生成与处理能力。然而，要充分发挥这些模型的最大认知能力，工程思维与提示工程能力成为了不可或缺的关键因素。

（一）技术哲学到工程哲学转向下的工程思维

20 世纪的科学哲学经历了从传统技术哲学到工程哲学的深刻转变，传统技术哲学的核心是对技术的批判和对技术本质的反思。在技术哲学的追问下，研究者从理论关怀走向现实关怀，但是却始终徘徊在实用主义的走廊上，停留在从理论到实践的过渡阶段。从技术哲学到工程哲学的转向可以解决该问题，工程哲学的核心是分析技术本质乃至对工程进行哲学分析。这一转变不仅反映了哲学对科技发展的适应性，也揭示了工程思维在解决实际问题中的独特价值。科学追求真理，重视归纳演绎，而工程则更侧重于在不确定性中寻找解决方案，工程方法追求工程效率，工程师主要依靠已有经验指导现实实践。工程哲学关注偶然性、概率性、特殊性和具体性，主要以验证、分析、改善等方式从事哲学研究。计算机技术的快速发展，工程思维在诸多领域得到了广泛应用，计算机辅助设计（CAD）和计算机辅助工程（CAE）已经在工程设计中得到广泛应用。CAD 用于生成工程图纸和三维模型；CAE 借助计算机优化成本，可提高效率，缩短工期。具体而言，有限元分析（FEA）、计算流体动力学（CFD）和多体动力学（MBD）是其中的典型代表。FEA 用于模拟结构，评估应力和变形；CFD 用于模拟流体流动和传热过程；MBD 用于分析和模拟机械系统的运动过程。生成式 AI 作为一种高度复杂的技术系统，其研发与应用过程正是工程哲学的生动体现。

（二）生成式 AI 的工程性质：工程思维的统摄价值

与科学思维和艺术思维不同，工程思维与现实的关系是创造性的，将工程设计与验证的结果通过工程实践落地，成为现实世界的一部分。事实上，工程思维并不仅仅存在于现实世界的工程建设中，还存在于网络空间的比特建设中。

ChatGPT 等生成式 AI 具有显著的工程性质。生成式 AI 是一项系统性的工程，而非简单的技术堆砌，它需要通过系统性的工程设计与优化，将各种技术和资源有效调配，以完成用户提出的多样化任务，挖掘其最大认知潜力。通过动态改变当前的反应和行动来实现适应性和情景感知是生成式 AI 在认知方面的显著优势，通过推理来解决问题，通过学习获得经验和决策来吸收人类的认知能力。在这一过程中，工程思维发挥着至关重要的作用，工程师们以先入为主的思路构建框架，通过设定提示词、调试大模型等方式，将并不存在的事物转化为现实世界中的人造物。这种创造性关系的构建，正是工程思维与生成式 AI 完美契合的体现。

（三）提示工程能力：直接决定生成式 AI 的认知质量

中国信息通信研究院发布的《人工智能生成内容（AIGC）白皮书》指出 AIGC 的发展经历了三个阶段，从 20 世纪 50 年代的 AIGC 早期萌芽到 20 世纪末的 AIGC 积累沉淀，再到 2014 年至今，随着生成式对抗网络（GAN）的提出，生成式 AI 逐渐进入实用阶段。胡泳等人将由计算机生成的小说等传统内容称为前人工智能时代的产物，虚拟偶像等新内容称为人工智能时代的产物。随着 ChatGPT、SORA 等产品的落地，人工智能逐渐成为内容生产的主体。未来，用户提示工程水平的高低，或者说用户提示词水平的高低将直接决定 AIGC 的质量优劣。未来生成式 AI 将直接参与内容生产的诸多环节，每个用户都具备参与内容生产的能力，但是用户的提示工程能力存在显著差异，是否经过相关训练、是否拥有相关经验都可能成为影响因素。

生成式 AI 具备成为一种媒介基础设施的潜力，并呈现日益深化的平台化趋势。就个体层面而言，人人都是提示工程师，提示工程能力成为一种重要的协同能力。尽管生成式 AI 的本质是生成，但其关键在于训练数据的保真度，而不是理解或推理的深度。用户利用自身的提示工程能力借助生成式平台型媒体发挥连接性功能，实现对差异化功能的调用，结合用户自身需求进行选择性的资源整合，为用户、大模型、小模型和现实世界之间构建通路；将以往容易忽略的利基群体和边缘用户纳入生成式平台型媒体范围，实现真正意义上差异化需求和微粒化个体的激活。

·结语·

亨利·列斐伏尔（Herri Lefebvre）在《空间的生产》一书中提出空间具有三重属性，即"作为自然空间的被感知的空间，作为精神空间的认知性空间以及作为社会空间的亲历性空间"。三元空间理论揭示了空间的开放性和自由度，建构了现代性的空间生产体系。诚然，每一个技术时代、每一种社会文化和社会空间都有其偏好的感知和认知模式，认知并非单纯地存在于大脑之中，而是与大量不同的社会、技术因素动态交织在一起。随着公众对生成式 AI 的了解不断加深，人们逐渐将其视为实用工具而非神秘的"圣器"，而这种转变也意味着我们需要更加注重技术的实际效用而不是它的"光环效应"。因此，人工智能的出现需要我们意识到媒介对人机两种智能体系的分离与赋权，媒介技术在形塑个人认知和行为的同时，个人也在以认知可供性的方式驯化技术。认知科学领域的 4E 认知框架认为个体认知是具身的、嵌入的、生成的和延展的，个体的认知过程可以延展到有机体所处的环境之中，在生成式 AI 技术发展的催化下，这种认知的延展呈现出阶段性路径（见表 11-4-1）。

表 11-4-1　AIGC 对认知延展的阶段性路径

时间阶段	发展原则	发展目标	关键问题
短期	对等原则	去组织化	说明技术在认知过程中究竟发挥什么作用
中期	整合原则	降维重组	行动者如何主动制造、使用、积累和更新技术人工物，将它们整合进认知系统
长期	连接原则	再组织化	细粒度社会的到来要求我们认识到连接的重要意义，软连接与硬连接

一、短期：认知系统的去组织化

生成式 AI 对于认知的延展在短期阶段强调的是体内过程和体外过程在功能上对等。基于对等原则，认知主体必须构建与社会的技术、物质条件之间的耦合性，其关键问题是搞清楚外在事物在认知过程中究竟发挥什么作用。当前，生成式 AI 正成为从以博物馆为代表的本质性资料库（essence archive）到以互联网为代表的或然率资料库（probability archive）的历史演进的最新一环。多元异构信息资源的整合机制，一方面通过智能替代消解既有的内容生产秩序，替代人类智能，自主完成工作；另一方面还通过智能增强的方式辅助人类行动，弥合信息差和认知差，进而完成认知系统的去组织化。以当前"APP+AI"的发展趋势为例，生成式 AI 在社交娱乐、教育学习、商务办公等高频使用场景上扮演着生产力工具和认知情绪价值提供者的角色，一方面通过智能替代完成原有功能的升级，另一方面助力 APP 拓展适应用户的新场景需求。

二、中期：认知系统的降维重组

纵观技术的发展进程，每一次的技术进步都会形成新的功能价值。在中期阶段强调体外过程和体内过程之间的差异、认知能动者的行为在整合认知系统中的积极作用。在认知过程中，行动者如何主动制造、使用、积累和更新技术人工物，将它们整合进认知系统是这个阶段要解决的关键问题。生成式 AI 的出现，使媒介竞争从流量竞争演化为价值竞争，从注意力竞争演化为认知竞争。生成式 AI 对社会最大的颠覆在于增强了人类的平等性，技术的平均化使用使得未来传播的着力点要从认知出发，要解决个体认知和信息之间的关系价值问题，通过传播内容与个体认知结构的契合，以认知推进寻求传播信息生态圈层的动态平衡点。以游戏为例，游戏的场景预设了丰富的可能性，数智型游戏通过设置特定的社会场景进行预演，这极大地降低了人们探索社会和选择社会的成本和代价，将人们原有的固化认知降维重组，进而提升了人们的自由度和选择的经济性。

三、长期：认知系统的再组织化

认知不仅是认知者与技术人工物的耦合，而且需要与其他认知者协作。细粒度社会的到来要求我们认识到连接的重要意义。从技术的发展曲线来看，生成式 AI 目前还处于快速发展期，要从可能性技术转化为现实技术，还需要政策、市场等多层主体的条件适配。生成式 AI 对于认知延展的长期路径是以连接原则为基础在硬连接和软连接两个方面完成认知系统的再组织化。硬连接主要关注认知系统在功能架构和认知能力上的转变，软连接主要关注对社会信息加工资源的补充和资源调配。在数字文明时代，人们开始基于趣缘关系部落化，这种趣缘关系所构造起来的社会基础组织被称为"DAO"。DAO 将基于去中心化（decentralization）和自主性（autonomy）两个核心特征重组人类组织和协作方式。生成式 AI 的进步催生了社会生产力的"新质"，同时"新质"的诞生也对认知系统施加着强大的反作用力，产生了涌现机制，节点之间的协同作用促使认知系统逐渐延展到结构合理、稳定向上的整体，在进化法则下进行着自组织和超循环演化。

第十二章

作用维度：关于互联网赋权的一项实证研究

"赋权"是一个跨越多个领域且不断发展的概念，起源于社会学研究，是一种自上而下的权力赋予行为。随着互联网和社交媒体平台的出现，社会生活与人的境况发生颠覆性的改变，网络逐渐成为个体赋权实现的重要源泉与力量。正如尼古拉斯·尼葛洛庞帝（Nicholas Negroponte）在《数字化生存》中提到的那样，"网络化时代会赋予人们更多的权力"。互联网去中心化和去组织化的特性，模糊了强关系和弱关系的边界，使新的赋权形式得以产生。如果说大众媒介培育了大众的现代性，那么社交媒体则进一步消解了垄断性、增加了流动性。网络技术赋权为社会发展带来了新的动力，不仅超越和分散了传统意义上权力的限度，还为个体与社会的关系创造了新的基础结构和连接界面，甚至重塑两者在网络中的互动模式。

　　因此，媒介的发展也是一种社会过程，是个人和群体联系的总体格局。媒介作为一种制度化要素，作用于社会文化的变迁并与之相互交融，且持续不断地卷入各种领域的变化之中。媒介本身也可能成为权力的主体（power of media）或者权力的中介（power though media），大众媒体技术培育了民众的现代性，而新媒体技术则进一步消解了传统传播模式的结构和通路，呈现"从家长式到兄长式，从宝塔式到扁平化，从'中心—边缘'到有机同步参与"的变化趋势。

第一节

互联网赋权：权力感对个体行为和认知的影响

　　网络赋权不仅对国家和社会产生了重大影响，对网络社会中的"大众"也产生了作用。互联网时代下，大众不再是工业时代所描述的"单向度的人"，而是具有主体性和主观能动性的个体，其价值和地位不断凸显，正如传播学者所言，"互联网凸显出个体的异质性……形成的是多个去中心、去组织化的异质共同体，网民作为传播主体成为可能"。同时，互联网激活了个人资源，随着网络的不断发展，"机构和个人的角色不再一成不变，其权利之间的沟壑也在逐步被填平"。因而，对网络赋权影响的研究不仅需要从宏观、中观层面入手，更需要从网络赋权中的个体这一微观层面切入，从而对网络赋权议题提供个体角度的解释维度。个体成为在网络中呼风唤雨的主角，而后真相时代又加剧了非理性和情绪感染、现代性的困惑和异化、后现代性的解构和虚无。同时，虚拟空间社交媒体的使用也增加了个体的疏离感和倦怠感，其与个体的执行能力水平之间呈倒U型关系，而更高强度媒体多任务者（media-multitasker）则具备更强的任务转换能力和较弱的抑制控制能力。

一、权力的感知与影响

权力及其感知是社会科学领域的重要研究议题。马克思从政治经济学的角度考察了政治权力，认为权力普遍存在于人类社会之中，任何社会的建构都离不开权力；韦伯（Weber）则认为社会中权力无处不在，并提出传统型、克里斯玛型、法理型三种权力的合法性形式；福柯（Foucault）认为权力有各种形态，并且只有通过社会关系的角度看才有意义，因为权力建构于社会关系网络之中。

在政治传播领域，研究者对于权力这一议题也进行了大量研究，认为权力感能够对个体的生理水平、心理倾向、行为表现等多方面产生影响。从生理水平方面来看，有研究发现权力感可以提升个人体力和精力，权力感越高，个体的心率、脂肪分布等生理指标则越正常、身体越健康。从心理倾向方面来看，拥有更高权力感的人，当面对其他人的痛苦时，表现出的痛苦和同情心更少，这和他们具有更强的自主情绪调节能力有关。从行为表现方面来看，肯特纳（Keltner）认为权力感越高的人在缺乏同理心的同时，还会表现得越自私（selfish）。在一项有趣的实验中，他发现权力感高的人在吃饼干时，会掉落更多的饼干屑在衣服上，表现得像一只饼干怪（cookie monster）。其他学者也进一步发现，权力感不同的人在合作、道德、主观幸福感等行为取向方面均存在显著差异。

二、虚拟空间的互联网赋权

现如今，网络技术的发展同样构建了平行虚拟空间中的权力结构。随着移动设备和社交媒体的普及，互联网赋权（e-empowerment）的效果日益凸显。

互联网赋权，既是一种过程也是一种结果。在这个过程之中，有机会接触并使用互联网的个体，可以通过互联网获取和传播信息与观点，以拓展现实社会中的能力。有研究者就针对互联网赋权概念进行了阐述，认为赋权可以在四个层面展开，首先是个人层面，包括个性塑造和个人技能的提升；其次是人际层面，包括社交补偿，促进跨文化交流、减少刻板印象等；再次是群体层面，包括网络能促进群体成员找到彼此，增强群体的集体性，促进群体决策效率等；最后是公民身份层面，网络赋权可提升信息的可接近性，促进公民的政治参与、监督及影响政府决策的能力。随着研究的逐渐深入，学者们认为互联网赋权会带来网络社会新的权力分层，例如有的人成为网络社区或网络平台具有高声量的关键意见领袖（key opinion leader，KOL）等角色，在虚拟空间的社会结构中被赋予了更高的权力，甚至"使得整个社会的权力结构发生改变"。

目前，学界对互联网赋权的影响进行了多维度的研究。互联网能够为边缘群体赋权，同时因其技术的双向赋权也推动了全体公民的政治参与。有研究者就曾对比了听觉障碍与听觉正常两个青少年群体的互联网使用行为，认为可以将网络视为听觉障碍者的赋权平台。互联网赋权为社会带来积极影响的同时，也缔造了新的不平等现象并产生新的问题。有研究者就认为，网络媒介技术发展强化了符号表征效果并使虚拟现实拥有了隐形权力，这为受众不断赋权和重新赋权的同时，也制造着新的平等和不平等的信息交往格局；另有学者指出，增权只是互联网赋权中的一种可能性，在促进主体获得自主性的同时也可能使其主体性丧失。与此同时，互联网赋权也会带来更多的非理性表达，影响到舆论监督的作用，甚至出现网络暴力、网络恶搞等异化现象。许多学者对网络赋权过程中出现的非理性表达、网络暴力等问题作出了相应的解释，例如有学者认为很多网络舆情反转类事件中都存在认知上的锚定效应。然而，目前互联网赋权对个体产生影响的研究多是描述性解释，有力的定量研究较少。学者目前已经对于互联网赋权角色（如虚假信息的线上审核员）之间是否存在旁观者效应进行了讨论，并认为权力感和责任感的增加，会助推人们做出某种决策，然而他们并没有严格区分被赋权的角色或者责任感的程度，而这些正是影响人们决策行为的重要因素。因此，本研究将以个体为研究对象，探究不同程度的网络赋权对个体认知和行为层面的影响，为互联网赋权问题提供解释水平和个体维度上的实证探索。

第二节

研究主题：不同赋权条件下的注意力水平与风险偏好

本研究将通过实验法，探究互联网赋权对人的认知与行为层面带来的影响。研究聚焦于互联网赋权获得的权力感对个体决策行为的影响，其中包含着高低风险条件之下的决策行为变化，尤其在注意力水平和风险偏好两个方面的表现，从而将互联网赋权对个体的影响拓展到更多维度，以丰富相关领域的实证研究内容。

一、研究问题

大量传统赋权研究表明，个体所拥有的权力感水平会影响到其决策行为。通常情况下，人们认为经济条件差的人会更倾向于高风险的行为，有时甚至会造成较高的死亡率，然而权力感水平高低对风险决策的影响并非如此直观。有些研究者认为拥有高权力感的人更有选择亲社会行为的倾向；而另一些学者发现在某些情况下拥有高权力感的人更倾向于做出高风险的决策。实验证明，在高收益情境下，高权力感被试的风险偏好显著高于低权力感被试。同时乐观主义、权力动机和权力稳定性等因素在决策中扮演着重要角色。有研究者认为，乐观主义在拥有高权力感的人从事冒险行为方面起着重要的中介作用；还有学者发现，由于权力等级的稳定程度存在潜在的可变性，权力等级高的人有可能会更加谨慎，作出更保守的选择，而权力等级低的人则在不稳定性越大时越愿意承担风险。

综上所述，本研究设计行为实验，从个人心理层面探究互联网赋权的影响，通过不同情境赋予参与者不同水平的权力，从而研究个体在决策过程中互联网赋权、风险程度对个体的影响。具体来说，有以下三个研究问题要进行考察。

问题一：互联网赋权是否会影响个体的风险偏好？

问题二：互联网赋权是否会影响个体在进行风险判断时的注意控制水平？

问题三：互联网赋权是否会影响个体在进行风险判断时的执行能力？

二、实验设计

（一）实验变量

研究采用 2（权力类别：赋权组 VS. 无赋权组）×2（风险类别：高风险 VS. 低风险）的混合实验设计。其中权力类别为组间变量，分为实验组（赋权组）和对照组（无赋权组）；风险类别为组内变量，分为高风险组和低风险组。

在探究权力感对个体影响的实验中，操控个体权力感的方法有很多种。以往研究采用情境回忆、角色扮演、叙述写作等多种实验材料启动被试的权力感，并被认为是有效的权力感操作范式。为更加直接地研究互联网赋权中权力对个体的影响，本研究借鉴角色扮演法，通过模拟不同形式的互联网赋权情境，使实验组和对照组产生不同程度互联网赋权下的权力感。因此，实验搭建了一个虚拟的网络社区平台，对于实验组进行赋权启动。

研究的因变量是个体内反应时间变异性（trial-to-trial intraindividual reaction time variability，IIV）。个体内反应时间变异性指标可以反映个体中枢神经系统（Central Nervous System，CNS）功能，与个体的持续注意力水平和认知控制能力都具有关联性，是反映个体认知水平、注意力的一个通用指标。个体在完成一系列认知任务时，完成每个任务的反应时间会发生一定波动，即出现个体内反应时间变异性。个体内反应时间变异性数值较低，则代表该个体拥有更好的执行功能；而个体内反应时间变异性数值较大，则代表该个体注意力越不集中，认知控制能力表现较差。因此，本研究采用个体内反应时间变异性作为反映被试的注意力集中水平及认知控制能力的指标。

（二）被试情况

首先进行的是预实验，为获得有效的实验结果，通过 G*Power 软件计算效应量（power analysis）得出，所需被试量为 48 名。剔除 1 名无效被试后，最终有效被试为 47 名。被试随机分为两组，实验组（7 男 17 女，年龄 =21.75 ± 1.984 岁，年龄范围 18–25 岁）和控制组（8 男 15 女，年龄 =22.48 ± 2.213 岁，年龄范围 19–29 岁）。所有被试都是右利手，视力或矫正视力正常，没有任何精神疾病史和家族病史，实验前没有服用酒精、烟草或其他任何精神药物。被试在实验前都进行了中文版贝克焦虑量表（Beck Anxiety Inventory，BAI）和贝克抑郁量表（Beck Depression Inventory，BDI）测试，均未出现临床上明显的焦虑或抑郁症状。

（三）实验程序

1. 个体的赋权控制和网络权力感知

实验组和控制组被试分别使用同一部实验手机进入平台，接受两种实验条件的测试。实验组为高赋权组，被试被赋予平台管理员身份，能够进行删帖、置顶、打分、评价等行为，行使平台管理权力；而控制组为低赋权组，被试只能发布信息，等待平台管理员评价。实验将用摄像头记录下被试的操作情况。具体流程如下。

实验组阅读下列要求并按要求采取相应行动："您好！现在您将进入一个网络社区，您是该社区平台的管理员，需要您对该网络社区进行管理。您可以对社区内现有的帖子和回复进行点赞、加精、删帖等操作。同时您也需要发布帖子，如回复他人帖子、发布新帖子，修改发布社区规定等。需要您在本社区内活动 10 分钟左右。"

控制组则阅读下列要求并按要求采取相应行动："您好！现在需要您回答

平台管理员提出的问题，并在该平台上发布答案。平台管理员会对您的评论和回答进行评论、置顶、加精、删帖等操作，如果获得平台管理员的青睐，您可以额外获得额外被试费，如果被删帖，将不会获得额外奖励。需要您在本社区内活动10分钟左右。"

随后，两组被试都会通过填写权力感知调查问卷接受赋权结果测量，该问卷改编自个人权力感知量表，信效度良好（Cronbach α =0.767，KMO=0.68）。题项分别为："在刚刚的过程中，我可以对我认为优质的内容进行置顶、加精等操作""在刚刚的过程中，我可以对我认为不适合小组的内容进行删帖等操作""在刚刚的过程中，我可以对他人发布的内容进行评判""在刚刚的过程中，我的想法和观点可以影响到小组内的其他人""在刚刚的过程中，我认为我有权力对该社区进行管理"。

不同赋权条件下，实验组即平台管理员角色的权力感知值（24.83 ± 3.60）高于控制组即普通网民的权力感知值（19.61 ± 4.23）。通过差异性检验发现，实验组和控制组的权力感知差异显著 $[t（45）= -4.570, p = 0.000, d=0.673]$，如表12-2-1所示。可见不同程度的互联网赋权过程对于被试的权力感知产生了显著影响。

表 12-2-1   不同赋权条件下被试的权力感知值（ M ± SD ）

互联网赋权	实验组（ $N = 24$ ）	控制组（ $N = 23$ ）
权力感知值	24.83 ± 3.60	19.61 ± 4.23

2. 个体的非确定型决策：爱荷华博弈任务

爱荷华博弈任务（Iowa Gambling Task，IGT）是一项模拟现实决策情境的实验室任务，用于测量非确定型的决策中的模糊决策（ambiguity decision-making），即概率未知且结果不确定的决策。博弈范式可以有效测量风险偏好的程度，已有研究证实，可以把百个试次（trial）以上的爱荷华博弈任务作为测量风险决策的工具。

因此，在完成权力感操作任务之后，研究者安排两组被试完成爱荷华博弈任务，即通过计算个体选择得分和个体内反应时间变异性，测量个体在决策行为过程中的风险偏好和认知控制能力。任务程序采用 E-Prime 3.0 编制，如图 12-2-1 所示，每个试次以 500 ms 的注视点开始，然后呈现 500 ~ 800 ms 随机时长的空屏。之后屏幕上呈现 A、B、C、D 四个选项，要求被试操作相应按键做出选择，其中，A 与 B 为高风险选项，即投入较大而获胜概率较小；C 与 D 为低风险选项，即投入较小而获胜概率较大。在 500 ~ 800 ms 随机时长的空屏之后，呈现 2000 ms 的反馈界面。在 500 ms 的空屏后该试次结束，进入下一试次。每 10 个试次为一个组块（block），共 180 个试次，构成 18 个组块，一个组块内的 10 个试次随机呈现。其中，A 和 C 选项的输赢比例为 5 : 5，即出现损失的概率为 50%；B 和 D 选项的输赢比例为 9 : 1，即出现损失的概率为 90%。

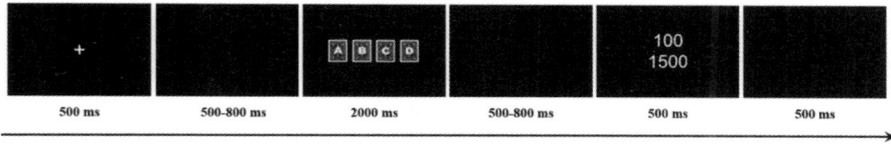

图 12-2-1　爱荷华博弈任务（IGT）示意图

第三节

研究结论：互联网赋权的影响真实存在

一、风险偏好

本实验中共有 47 名被试参加，均为有效被试。每名被试的风险偏好可以根据其每次投入数额的选择结果进行计算。具体操作过程为，计算被试在每个组块的选择得分（选择得分 = 选择有利数额的次数 — 选择不利数额的次数），即（C＋D）－（A＋B）。最后得出其所有组块选择得分的平均值，即为风险偏好数据结果，得分越高则该被试在做选择时越偏向保守，得分越低则越偏向冒险。两组被试的选择得分通过 SPSS 26.0 进行独立样本 t 检验，结果如表 12-3-1 所示。相比而言，高赋权组更倾向于保守决策，其得分（均值 1.493 ± 4.080）略高于低赋权组得分（均值 0.627 ± 3.915），两组被试之间的风险偏好不存在显著差异 [t（45）= –0.744，p = 0. 461，d=0.110]。

表 12-3-1　不同赋权条件下被试的风险偏好值（M ± SD）

互联网赋权	实验组（N = 24）	控制组（N = 23）
风险偏好值	1.493 ± 4.080	0.627 ± 3.915

二、个体内反应时间变异性

首先分别计算两组被试每个组块的平均反应时，剔除其中低于100ms（由于被试预期导致的提前反应）的数据，有效数据为91.57%（＞70%）。之后计算出每个被试18个组块平均反应时的平均值和方差，方差值即为个体内反应时间变异性数值。

研究用 SPSS 26.0 进行 2（互联网赋权程度：高 vs. 低）×2（风险偏好水平：高 vs. 低）的两因素方差分析（two-way ANOVA），其中，互联网赋权为组间变量，风险偏好水平为组内变量。结果发现，互联网赋权程度的主效应显著 [F（1, 45）= 50.348，p = 0. 001，$\eta^2 P$ = 0.708]。风险偏好的主效应不显著 [F（1, 45）= 1.837，p = 0. 182，$\eta^2 P$ = 0.039]，互联网赋权和风险偏好的交互效应不显著 [F（1, 45）= 0.155，p = 0. 696，$\eta^2 P$ = 0.003]，如表 12-3-2 所示。分析结果显示，无论风险偏好水平高低，高赋权组的个体内反应时间变异性都要比低赋权组的更大（p ＜ 0.01），而且没有出现随着风险偏好水平的增高而个体内反应时间变异性增大的情况（p ＞ 0.05）。

表 12-3-2　不同赋权和风险条件下被试的个体内反应时间变异性（ M ± SD ）

风险水平	高风险选项（ $N = 47$ ）		低风险选项（ $N = 47$ ）	
互联网赋权	实验组 （ $N=24$ ）	对照组 （ $N=23$ ）	实验组 （ $N=24$ ）	对照组 （ $N=23$ ）
IIV 值	888.512 ± 521.866	185.428 ± 87.514	801.642 ± 483.057	137.675 ± 67.057

· 结语 ·

本研究运用实验法聚焦被互联网技术赋权的个体层面权力感知，通过考察互联网赋权是否会对个体的风险偏好产生影响，以及不同互联网赋权程度（高vs. 低）和不同风险偏好水平（高 vs. 低）对于人的注意力、认知控制能力和执行力的影响，对互联网赋权的影响提供个体层面的解释维度。研究证实了互联网赋权确实能够为个体带来权力感，且这种基于虚拟世界的权力感知要高于在现实世界的权力感知。研究发现，在注意力、认知控制力和执行能力上，高赋权组的被试表现更差；而在风险偏好和决策上，两组虽未有统计意义上的显著差异，但高赋权组的被试的确表现得更加谨慎保守。

一、互联网赋权程度显著影响个体的注意力和认知控制能力

在本研究中发现，互联网赋权与个体内反应时间变异性呈现显著相关，且与个体的风险偏好水平高低无关。这表明互联网赋权会对个体的注意力和认知控制能力产生显著影响，即在赋权过程中那些被赋予管理员角色的普通人，表现出了更低的注意力稳定性和认知控制能力。这也和人们的经验性感觉即前文提到的饼干怪的假设相一致。互联网赋权程度较高的个体，其注意力、认知控制能力和执行能力较差，可能是因为其所需的注意负荷更强，因为他们在网络空间的社会结构中拥有更多的权力，需要思考和掌控更多的事务，不仅要对实验中社群关注的普遍问题发表自己的看法，而且还要对社群的整体发展承担起相应的责任。

正如传播学者沃尔特·李普曼（Walter Lippmann）所言，一个人不可能花费

所有时间去了解和把握所有问题，当他关注于某一个事件的时候，其他数以千计的事件已经发生了巨大变化。除非他能够准确判断，时间精力投向何处能够最合理地发挥自己的潜力和特长，否则违背其固有的能力，做他不胜任的工作，他只能感到迷茫。对于互联网低赋权者来说，他们只需要专注于实验环境中所提出的问题，发表自己的观点和看法，不用对问题以外的事情进行更多思考和操作，因而他们具有更好的注意力、认知控制能力和执行能力。不过，现实情境下，这些浅层思考却具有高执行力的人群，倘若在网络社区中不断聚集，极有可能会呈现出社会心理学家勒庞所提到的乌合之众的样态，"异质性被同质性所吞没，无意识的品质占了上风"。因此，网络赋权程度高，能够让个体行动之前进行更多思考，有利于减少网络上无意识的狂欢和乌合之众效应的发生。

二、互联网赋权程度高的个体，表现出更加谨慎保守的风险偏好倾向

虽然不同互联网赋权程度的两组被试，在风险偏好方面没有表现出显著差异，但是分析研究数据可以发现，高赋权组的被试在任务得分上要高于低赋权组，表现出更加谨慎保守的倾向。这也符合"权力感知越高责任越大"的研究假设。高赋权者在网络世界中的决策行为表现得更加谨慎，能够更加理性地去看待发生的问题，"随着深度体验和参与的加深，他们越来越理性，发言、转发、评论的内容更多地经过了选择"。与前文结论相关联，在实验过程中，高赋权组进行了更多的分析和思考，采取更加保守的风险决策，同时在实验中表现出较差的注意力、认知控制能力和执行能力；而低赋权组在实验过程中未对任务风险性做出过多的分析和判断，更加偏向做出冒险的决策，同时表现出较好的注意力和认知控制能力。这也进一步印证了对上述实验结果的解释。因此，互联网和社交媒体时代，要进一步扩大网络对个体权力的赋予，并给予个体更多行使权力的空间，让个体真正感知到权力，能够更加理性地面对问题，更好地进行分析和思考，更审慎地做出决策。

三、互联网赋权的影响机制与现实空间存在差异

互联网所构建的虚拟空间中的赋权的影响机制与现实空间中的存在差异。研究发现，在不同的互联网赋权水平下，个体风险偏好并没有显著差异，这与已有关于现实中权力感知与冒险倾向的研究结果并不完全相同。原因之一在于，在赋权对风险决策行为的影响过程中，权力稳定性（power stability）因素起着重要作用，高赋权者更愿意在身份稳定的情况下去冒险。当前网络世界并没有与现实世界完全打通，即互联网社区中权力的有无与现实社会结构中权力的有无并不相同，网络赋权程度缺乏实在的权力等级、稳定性和获得感。也就是说，网络世界中的权力结构目前并没有形成现实社会中的科层制（bureaucracy）权力体系，其组织结构、管理方式更加自由，赋予不同权力水平的个体更多权力的可能性，因而更能够让个体发挥自下而上的自组织力量，这也是在传统社会中处于结构边缘的弱势群体，在网络上发声更容易被大众听到的原因。因此，互联网去科层化的空间结构让网络用户普遍具有了更高的权力感。相较于现实社会的无权者，即使是低网络赋权的个体也有着更强的权力感知。因此，避免虚拟世界走向僵化的科层制结构，社会需要对网络技术的发展抱着更加包容和开放的心态，在合理的范围内促进互联网的发展，进而充分激活网络世界中人的自由度。

此外，互联网的去抑制效应（disinhibition effect），往往让人们在虚拟空间表现得更加坦率，同时也会做出自制力差的甚至反规范的行为。"网络传播媒介的诞生既带来了一种解放，又制造了一种控制"，如何让网络空间更有利于公共交流一直以来是众多学者思考的问题。研究发现，由于对事件进行更多的分析和思考，高网络赋权的普通人表现出较差的注意力和认知控制能力、执行能力，面对风险决策时，他们往往会采取更加谨慎的态度；而低网络赋权的普通人因其思考、分析较少，表现出较好的执行力和认知控制能力，同时偏向做出更冒险的决策。因此，通过互联网赋权，尽可能发挥自组织的力量和积极作用，可以使原本在去中心化和去组织化网络环境中呈现出乌合之众样态的个体，能够进行更多的思考和判断，从而尽可能减少无意识的群体行为，自发地进行进一步组织化，实

现去组织化到再组织化的过程。随着互联网赋权的范围和影响力越来越大，网络环境中的个体则更需要提高自身的网络媒介素养，提高信息分辨能力和对事件的分析判断能力，使自身能够具有应对信息化社会中海量信息的能力，摆脱成为乌合之众的可能，从而让互联网赋予的权力展现出应有的社会价值。

因此，在之后的探索中，可以进一步将自我效能感、乐观倾向、权力稳定性等因素的中介作用加入实验研究的测量范围，扩大实验对象，使实验结果能够拓展到更多的年龄段、种族群体。同时，互联网赋权的组别可以依据赋权类别进行更加细致的划分，综合运用近红外等脑认知实验技术进行脑间同步研究，从而使实验结果更加深入，进一步丰富互联网赋权的相关研究。

第十三章

副作用维度：日益加深的认知沟

缘起：数智媒介对人类认知的延展与分化

随着社会迈入数字化和智能化压缩并行的数智化（digitalization & intelligentization）发展阶段，以生成式 AI 及其他通用式 AI 技术为代表、集成了数字化与智能化双重特征的数智技术（data-intelligence technology）正以一种广泛且深入的方式进入人们的生活。任何一种媒介技术的发展演进，都将深刻影响人们的生存、生活和生产方式，乃至直接改变人们的认知模式。古希腊哲学家苏格拉底就曾提出，书写媒介是对人类记忆过程的破坏，书写会令人们善忘，因为他们就不再努力记忆了；他们就信任书文，只凭外在的符号再认，并非凭内在的脑力回忆……因为借文字的帮助，他们无须教练就可以吞下许多知识，好像无所不知，而实际上却一无所知。同样的认知塑造力量也表现在数智技术上。数智技术在人类记忆的唤醒、思考的激活乃至决策的辅助等方面表现，均在挑战传统的认知内在主义看法，围绕延展认知（Extended Cognition）展开的认知科学研究思想也在数智时代受到关注和重视。因而我们必须意识到，人类的心智已如图灵所预测的那样，在数字技术的作用下呈现出向体外延伸的趋势，诸如数智技术、数智媒介、数智环境等各种外在要素都在无形中成为人类认知的间接构件，并重新定义了认知的边界与范畴。

由此，数智媒介技术带来的数字不平等与数字鸿沟问题将比以往更为深入和严峻，这种不平等不仅仅停留在对这些数智技术的接入分化和使用分化上，更表现为经由这些数智技术的接入和使用差异带来的人类认知能力的分化上。在这场由数智媒介技术主导的不平等分化历程中，数智技术俨然成了人们认识和理解外在世界的座架，这将导致人类从更深层的认知层面拉开差距，一些人的认知能力得以借助数智技术提高、而另一些人的认知能力则被技术因素所限制与侵扰。

且这种认知分化带来的差距会经人机协同的第三种劳动分工体系（机器从事体力劳动＋重复性脑力劳动，人类从原创性脑力劳动）放大而扩展成全社会的发展不平等，社会成员将有可能被撕裂成两部分：1% 掌握数智技术的数智精英与 99% 对社会繁荣没有贡献、无法团结也无法主导自我的无用阶级（useless class）。

在此，本书借鉴数字不平等与数字鸿沟研究的脉络与框架，将这些由数智媒介技术催生的人类认知能力分化现象概括为认知沟，而经由这些认知能力分化所引起的各种社会不平等发展议题都将是认知沟的探讨范畴。本书以认知沟为分析重点，围绕"是什么—为什么—会怎样—应如何"的行文思路，分别探讨这一分化现象的内涵价值、成因机制、具体表现和应对策略，以此深化对数智媒介在数字不平等问题上所引发的本质变化的理解与洞察，并提出认识未来潜在研究方向的建议。

第二节

内涵与意义：理解认知沟的概念价值

在分析认知沟议题之前，必须首先明确本书认知概念的意涵，由此才能更顺畅地把握本书所述认知沟议题的含义和价值。

一、认知的内涵

认知科学是一个专门研究人类认知的跨学科集群。在其最初的研究对象定义中，人类认知被描述为发生在人类大脑中，涉及知觉、注意、记忆、语言、思维、决策等各种意识活动的过程。Bloom 进一步将人类认知活动概括为知觉、理解和监控三个思维环节，最初级的思维环节是知觉（包括对外界信息的感知、注意和记忆）；中间的思维环节是理解（包括对信息的推理、判断与决策）；最高级的思维环节是监控（包括自我对整个认知过程的批判、反思、创造等），一些学者也把这个环节称作元认知环节（meta cognition），是自我用以监控自身知觉与理解环节的认知活动。上述对认知的定义深受具身认知（embodied cognition）的影响，将认知活动局限在人类大脑这个黑箱之中。随着认知科学领域有关延展认知、分布式认知（distributed cognition）思想的兴起与发展，认知的内涵得到显著拓展。现代学者们普遍认为，认知并非仅限于人类大脑内部，而是一个跨越个体、延伸至外部环境的复杂过程，这一过程涵盖了个体本身、地域情境及社会文化等多个层次。在 Cole 和 Engestrom 看来，认知分布在认知主体、客体、工具、环境之中，即认知是一个多面向集成物。将这种分布式认知观带入传播议题中，传播中所谈论的认知就应当是囊括自我认知（主体）、信息认知（客体）、媒介认知（工具）、场景与社会认知（环境）四个面向的集合。因而，当前学界更倾向使用认知域这一概念，以取代传统的狭隘认知观。认知域强调认知的延展性和分布性，强调认知是一个包含人类认知活动所涉及的各种内容和场所的集合和领域。如此一来，认知就不再是仅属于个体的隐秘黑箱，而是一个可以被公开解读甚至可能受到他人影响与操纵的领域。例如，他人可以通过收集和查看一个人的社交账户和媒介使用痕迹来判断与了解其认知过程与所思所想。

综上，借鉴延展与分布式认知观的思路并结合认知科学中对人类思维活动的普遍定义，本章所指的认知界定为个人的思维活动，囊括对信息、自我、媒介、环境四个面向的思维意识，包含知觉（感知、注意、记忆）、理解（推理、判断、决策）和元认知等思维环节（如图 13-2-1 所示）。其中，信息认知即个人对信息本身的认识，自我认知即个人对自身动机、能力和所处参照点的认识，媒介认知即个人对所使用媒介的特性和组织逻辑的认识，环境认知包括场景认知和社会认知，分别指个人对特定的信息任务场景和对宏观的社会背景的认识。

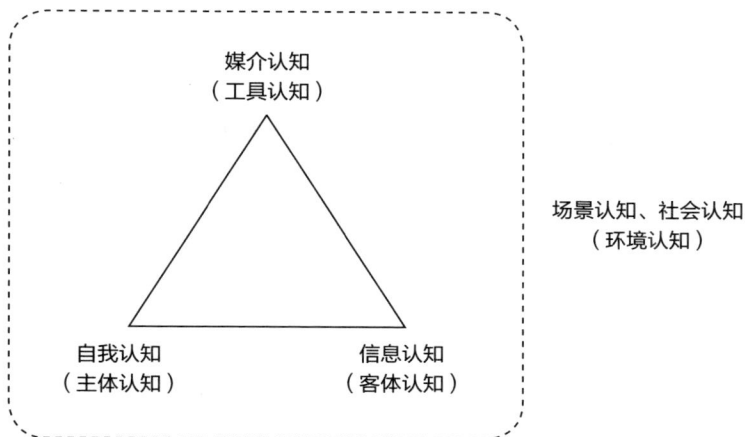

图 13-2-1　认知的四个面向（根据 Cole 和 Engestrom 的分布式认知观点改绘）

二、认知沟的定义

回溯理论脉络，最初，认知沟这一概念出现在教育心理学领域，用以揭示不同学习阶段学生（如高中生、初中生与小学生）之间在认知发展上的差异。随着研究的深入，该概念逐渐被引入数字鸿沟与数字不平等领域，并被视为数字鸿沟的第三层次——结果沟的一种具体体现。数字不平等研究关注的是数字主体在数字技术影响下所体现出的不平等，目前已形成三个主要研究层次：首先是接入层面的不平等，即接入沟；其次是使用层面的不平等，即使用沟；最后是接入和使用差异导致的最终结果不平等，即结果沟。在第三层结果沟的研究中，一些研究聚焦于信息处理最终成果的知识沟，另一些研究则强调个体主观信念的信念沟，此外，还有一些研究者主张从过程性视角来关注个体处理信息过程中存在的认知沟（如图 13-2-2 所示）。相较知识沟和信念沟的静态性侧重，认知沟更强调通过动态视角来理解第三层结果沟的表现。随着人工智能和机器学习技术的快速发展，认知沟一词则频繁出现在人机协作的研究中，警示我们关注这类认知塑造技术可能带来的新型不平等。因而，本书所探讨的认知沟具体是指人们在接入与使用数智媒介技术后出现的认知能力分化现象。需要厘清的是，认知沟是从属于数字不平等研究脉络下的一个新议题：1. 认知沟是第三层数字鸿沟（结果沟）

研究的一个面向，反映了媒介技术接入和使用差异所导致的认知能力差异；2.认知沟是对知识沟研究的扩展延伸，它不仅关注认知加工的最终结果，更试图揭示整个认知过程和思维环节的差异；3.认知沟是数智社会中数字不平等现象的表现，由于生成式 AI 等数智技术对人类认知前所未有的介入，它特别关注由数智技术接入和使用差异所引发的人类认知能力差异。

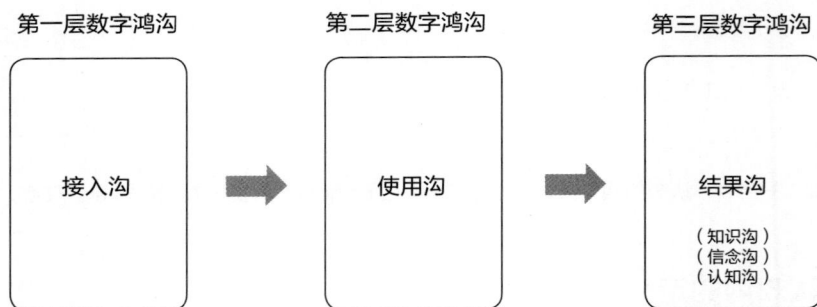

第一层数字鸿沟　　　　　　第二层数字鸿沟　　　　　　第三层数字鸿沟

接入沟　　→　　使用沟　　→　　结果沟
（知识沟）
（信念沟）
（认知沟）

图 13-2-2　数字不平等（数字鸿沟）的研究脉络（根据 Wei 等人的数字鸿沟框架改绘）

梳理该术语的操作化方式后，我们发现，既有文献通常从认知多样性、认知复杂性、认知自主性、认知灵活性四个维度来描述和说明个人的认知差距。认知多样性指的是个体能够从多种不同的角度和视角来理解问题和信息的能力，它体现了个体的思维开放性、认知展开广度和对不同观点的包容性。认知复杂性涉及个体处理信息的深度和复杂程度，包括对复杂概念的理解、复杂问题的分析和解决能力，它体现了个体的思维精度、认知深度以及认知整合度等。认知自主性指个体在认知过程中的独立性和自我驱动能力，包括自我学习、自我反思和自我调节的能力。认知灵活性则描述了个体在面对变化的环境和新信息时，快速调整自己的认知框架和思维方式的能力，体现了个体对于新环境的适应性、运用不同认知策略的灵活性。其中，认知灵活性评价是关于人类认知的非常重要的一个指标，因为相较模式化、计算化的机器认知来说，人类认知还存在一种心随境转的非模式化特点，神经网络实践的成功证明了人类认知是在各种习以为常的模式化认知之上涌现出来的非结构化集合，因此，认知灵活性评价是作为人类认知能力的特殊性指标而存在的。结合上述对认知四个面向的总结，可以勾勒一个相对全面的认知沟评价体系——一级指标是四个认知面向（信息认知、自我认知、媒介认知和环境认知），二级指标是四个认知表现性评价（认知多样性、认知复杂性、认知自主性和认知灵活性）。由此，认知沟的操作化定义可以是，评价人们在接入和使用数智媒介技术后，在认知信息、自我、媒介、环境四个面向上的认知多样性、复杂性、自主性、灵活性差异（如表13-2-1所示）。通过合适的量表测量用户在四个认知面向上的四种特性的表现，可以相对完善地勾勒出用户间存在的认知沟的表征，为议题中的其他研究做基础性铺垫。

表 13-2-1　认知沟的评价指标

一级指标——认知面向	二级指标——认知表现
信息认知	认知多样性
	认知复杂性
	认知自主性
	认知灵活性
自我认知	认知多样性
	认知复杂性
	认知自主性
	认知灵活性
媒介认知	认知多样性
	认知复杂性
	认知自主性
	认知灵活性
环境认知 （场景认知） （社会认知）	认知多样性
	认知复杂性
	认知自主性
	认知灵活性

三、"认知沟"研究的学术与实践价值

那么，为何当前要强调认知不平等的威胁？认知沟研究的价值何在？我们必须意识到，认知之于当下的传播结构和社会模式来说具有重要意义，这正是当

前重申认知与认知沟研究的意义所在。

（一）认知是社会考察基本原点

从宏观的社会结构与传播结构来看，数智技术进一步加速了传统大众社会的解构和新晋分布式社会的再组织进程，传播单位中标志性的"大众"概念日益被微粒化的"个体"所取代，个体既是信息传播活动的起点亦是其终端，因此个体也成了传播学等社会科学研究所考察的基本单元。在此之上，从个体的分析视角来看，认知则是个体形成情感表达、促成行动实践的前提因素和首要基础，个体的一切情感、态度与行动的发出均有赖于认知活动的展开，认知会最终影响个体的心理特质、情感态度、场景体验和社交关系等多重传播效果，因此认知可以说是深入个体这个基本研究单元的研究原点。简言之，社会考察落脚到个体，而个体考察落脚到认知。

尤其是在数智社会的复杂性变革中，传统基于工业时代背景之上对人类认知模式和认知逻辑的解读已不再适用，现代人的认知模式已经演变为人工智能完成重复性思维任务、人类从事创造性思维活动的协同思维模式，这不仅标志着数智时代人类认知世界的方式的革新，也提出了重新审视人机协同认知模式的时代要求。从现实来看，近年学界对认知领域和脑科学研究的关注度也显著提升，在国际竞争中，"认知域"已被视作与"物理域""信息域"并列的第三大作战空间，且"制脑权"也被视为取得胜利的关键变量；同时，不少学者也把认知科学与脑科学研究视作"人类文明最后的前沿"，它不仅关系到人类福祉和世界生产力的显著提升，还有望彻底重塑社会结构与层级。因此，认知研究应当在当前研究中占据举足轻重的地位，它不仅是解析现代个体特征的起点，也是深入理解未来数智社会的基石。

（二）认知是核心稀缺生产资源

在马克思看来，不同的社会生产时期，总有一种基础性的人类潜能从大量劳动群体身上被提取出来，继而与生产资料结合在一起，构成该产业主导性的劳动形态，并创造出社会财富。而这种被提取出的人类潜能也成为牵引整个社会生产、生活发展的核心稀缺资源。在农业社会时期，被提取出的人类潜能主要是非机械性体力，即那些按照一定程序和规范进行的体力活动；而工业社会时期，被提取出的人类潜能则主要是重复性脑力，即那些运用已有知识、经验和技能的脑力；当进入数智社会时期，我们会发现社会已经充分进入人机交互协同的分工体系，数智技术能进一步实现对人类已有的简单、重复性、标准化等体力与脑力劳动的替代，并推动人类劳动由简单到复杂、由低水平到高水平、由标准化到创造性的演进。因此，在数字社会时期，被提取出的人类潜能主要是创造性脑力，即那些包含智力消耗和知识创新、实现从无到有、面向未知探索创造的脑力，这种能力在促成人机两套看似相似但实则不同的智能体系交互的过程中，发挥了最为关键的转换作用——机器得以通过人类的创造性微调与输入而不断了解和逼近人类的思维和需求。随着通用式 AI 的产业化趋向逐渐清晰，人类的这种独特认知资源正被大规模地开发、提取与调用，并衍生出"认知劳动"这一新模式，成为推进产业发展和财富积累的新劳动形态。

可见，当前社会发展的核心稀缺资源不再是外部的自然与社会资源，而是能够充分利用数智技术"座架"的人类认知资源（尤其是创造性认知资源）。社会对人类这种创造性认知资源的调配与释放程度，决定了社会生产发展的水平高度。解决认知障碍、认知成长问题，是释放生产力和改造社会规则的关键。

第三节

机制与表现：分析认知沟的机理类型

认知沟的形成是一个多重因素交织的复杂过程，本书将着重解释媒介技术（尤其是数智媒介技术）在其中的作用，并分析可能的认知沟表现。

一、数智媒介技术的作用机理

数智媒介技术对人类认知产生影响的关键在于，它改变了人类认知资源的供给方式，实现了认知资源从有限获取到可供获取的转变。

在数智媒介技术尤其是生成式 AI 出现之前，人类主要依赖自身的学习能力来获取知识、信息和数据等资源。这种模式下，我们所能接触和获取的认知资源总是有限的，使我们常常感受到学无止境的挑战。而在数智媒介技术的辅助下，人类可以通过认知外包的方式来获取认知资源，即将部分认知功能外包给外部智能设备，利用这些外部智能设备的存储、感知、计算等功能增强人类的认知能力，进而辅助人类更好地完成认知任务。在这种模式下，人类不再需要花费大量时间和精力去记忆和整理所有的知识信息和数据，只需要理解其意义及其应用情境，掌握其提取的提问与提示方法，就可以轻松地获取相关内容。此时，无限的认知资源都变得触手可及，而不再受限于人类的学习能力和大脑机制，这便是认知资源"可供"的表现。

然而，可供是一把双刃剑，其结果充满了不确定性，它在提出之初就包含了"主体与环境相互作用"的含义。一方面，数智媒介的技术本身是可供的。以生成式 AI 为例，它是一种在多轮对话中逐渐逼近而非一蹴而就的技术。在每次一问一答的人机交互结束后，生成式 AI 的算法都能够通过强化学习能力吸收与解读用户的反馈信号并将其融汇到系统算法中，对下一轮对话的策略、参数和权重进行微调，以生成更符合用户期待的内容，以此循环往复、持续优化。也就是说，数智媒介的技术能力并非固定的、而是在微调使用中逐渐成长、变化的。因此，面对同样的基础技术模型，有的 AI 能够变得更强大并完成更多任务，而有的则无法获得相应的成长，这也就导致了技术在辅助用户认知时会形成能力差异。另一方面，数智媒介提供的信息也是可供的。仍以生成式 AI 为例，其信息的呈现是在算法技术与用户交互的过程中动态生成的，呈现出"千人千面"的流动特点。用户的不同功能选择和使用动机都会影响数智媒介技术提取和展现的认知资源，因而一些用户可能接触到丰富、深入的信息，而另一些用户则可能接触到越来越碎片化、肤浅化的内容。换言之，用户本身的认知水平决定了数智媒介技术所供给信息的质量。这种信息可供可能进一步扩大用户的认知差距，形成"聪明者更聪明，愚钝者更愚钝"的马太效应。

因此，可供带来的结果既有积极的一面，也有潜在的负面影响。这会导致一些用户能够通过数智媒介技术获得认知能力上的提升，而另一些用户的认知能力却可能受到干扰和削弱，从而加剧认知差距。

二、认知沟的表现类型

当认知资源变得可供，能够熟练接入和使用数智媒介技术的强势用户、虽能接入但使用不熟练的中间用户，以及拒绝接入或无法使用技术的弱势用户之间必然存在明显的认知沟。现象地看，这些用户群的认知差异一方面是表现在信息、自我、媒介、环境四个认知面向上的差异，例如强势用户群体相较中间用户群体和边缘用户群体来说，不仅具有信息认知，还具有恰当的自我认知、媒介认知和环境认知；另一方面，它还是表现在认知多样性、复杂性、自主性、灵活性上的差异，例如，强势用户群体的认知表现相较弱势用户群体来说，总是具有更高的认知多样性、复杂性和自主性。根据第二节提到的认知沟评价指标，认知沟可以粗略概括为两种表现：认知面向差异和认知表现差异。

（一）认知面向差异

认知面向差异指的是用户在认知过程中所关注和涉及的领域及面向存在差异。强势用户不仅掌握了信息认知，还对自我、媒介和环境有深入的理解，从而发展出较高的元认知能力。而弱势用户可能只停留在基础的信息认知面向上，缺乏元认知的监控和调节能力。

在数智媒介技术接入和使用方面表现强势的用户群体中，他们的认知能力跨越了信息、自我、媒介、环境等多个面向。他们不仅能利用 AI 技术提升信息处理能力，筛选和获取大量信息，还具有较高的自我效能感和媒介效能感，能够批判性地使用 AI 反馈进行自我评估和学习，不断优化自己的行为和决策。发表在《美国国家科学院院刊》上的一项新研究发现了一个有趣的现象：算法不仅能够促使个体进行更多的自我反思，还能促进他们采取行动来纠正自身的偏见，帮助个体以更加客观的视角审视决策结果。这表明，在强势用户群体中，数智媒介技术反而能成为个人偏见的"镜子"，帮助用户纠正认知偏见和提升认知层次。

相比之下，中间用户群体由于缺乏对自我、媒介和环境的有效认知，可能会面临信息认知混乱的问题。例如，ChatGPT 这样的大语言模型虽能与用户实时互动，但不一定总能提供准确的信息。用户若缺乏对这些工具及其使用环境的认知，可能难以辨别信息的真实性，难以意识到这类信息对认知能力的潜在干扰。当用户缺乏那些关于自我、媒介和环境的有效认知，或者内部的认知网络结构完备性不足或存在对认知外包的理解误区时，就会导致其与外部智能协同工作时缺乏独立思考和判断能力，从而变成了被动接受外部智能的指令和决策的工具。这种情况下，数智媒介的认知辅助功能并无实际帮助，反而可能削弱这些人的认知能力，使他们被外部信息所淹没和控制。

最后，对于那些无法或拒绝接入数智媒介的弱势用户来说，数智媒介加剧了他们与强势用户群之间的认知差距——由于缺乏对这些认知辅助技术的接触或理解，这些用户可能无法享受到数智技术带来的信息获取和处理优势，导致他们在信息认知这一基础层次上就已落后；此外，他们还可能缺乏新兴的认知资源来发展自我、媒介与环境认知，这将进一步限制他们元认知能力的提高。

（二）认知表现差异

认知表现差异指的是不同用户群体在认知多样性、复杂性、自主性和灵活性方面的差异。强势用户群体通常在这些维度上表现出色，能够游刃有余地应对信息环境和技术革新的挑战。而弱势用户群体可能在这些方面表现不足，难以适应快速变化的信息环境和技术发展。

对于强势用户群体来说，数智媒介技术是他们提升认知表现的有利工具。首先，数智媒介技术为用户提供了一个广阔的平台来探索和吸收来自世界各地的信息和知识，这些用户通过访问丰富的在线资源，能够快速扩展他们的知识面，增强其对不同领域和视角的理解。可以说，生成式 AI 环境下个体认知带宽的扩容增益不只在于接触信息数量级和已有知识储备量的提升，更主要的是理解认知资源从稀缺到可供的无限可能性。此外，数智媒介技术的高级分析和处理能力也使得强势用户群体在面对复杂问题时能够运用更为精细和深入的认知策略。例如，数据科学家使用机器学习模型来识别数据中的模式和关联，这不仅提高了他们解决问题的能力，也加深了他们对数据背后原理的理解。在自主性和灵活性方面，数智媒介技术也支持强势用户群体通过个性化推荐系统和智能辅导工具来定制自己的认知路径，从而实现自我驱动的认知探索、提升认知自主性。同时，数智媒介还能通过模拟不同情境和提供多样化的交互方式，帮助强势用户群体培养快速适应变化和创新思维的能力。例如，通过虚拟现实（VR）和增强现实（AR）技术，用户可以体验不同的环境和文化，这有助于他们发展跨文化理解和适应新情境的认知能力。

而对于中间用户群体来说，其认知表现都可能不如强势用户群体。一方面，数智媒介技术虽然减轻了他们的认知负担，却也可能助长了其思维惰性，从而削弱了认知自主性。当用户逐渐依赖智能工具快速提供的答案，他们可能会逐渐丧失自主思考和认知的动力，导致内在成长驱动力的减弱，随着使用兴趣被算法和智能系统所圈定，用户的思考模式和行为模式趋向单一化。这种过度依赖可能使用户变得片面化和扁平化，最终导致认知主体性丧失、认知表面化和肤浅化的问题。另一方面，数智媒介技术的普及虽然极大地丰富了用户的信息来源，但也可能导致中间用户的认知多样性和复杂性降低。用户在面对海量信息时可能会遭遇认知过载，难以筛选出真正有助于个人发展的内容，从而引发选择性焦虑。这一些泛滥的信息不仅干扰了用户的判断和选择，还可能操纵那些缺乏审辨式思维能力的用户。长期浸泡在碎片化、同质化的信息流中，用户可能会陷入所谓的"信息茧房"，在这里，他们接触到的信息会不断强化已有的信念，屏蔽异见，导致认知的极化。这种群体内部的同质性反馈循环，会抑制了个体的独立思考和分辨能力，使人们趋向于盲目和冲动，最终可能导致极端的认知和行为表现。正如海德格尔在《技术的追问》中所描述的："人类如此决定性地处于集置（一种人类与自然都被纳入资源配置过程的状态）正在逼近的挑战中，以至于他没有把集置理解为一种要求，而且完全没有意识到自己是一个被要求者。这样一来，他也没能聆听自身在哪些方面存在……"。

最后，对于那些弱势用户群体来说，他们的认知虽然不至于受到数智媒介技术的侵扰，但同样无法通过数智媒介技术获得红利，这导致他们在认知表现上的进步和改变都将非常漫长，久而久之，他们的认知视野会更加狭窄，并面临着被快速发展的社会边缘化的风险。

第四节

思路与策略：应对认知沟的多维治理

认知沟的本质并非技术不平等，而是一种结构性的社会不平等，因此其治理也应当是一个囊括政治、文化、社会、技术、平台等多方共治的过程。本节着重关注的是"认知沟"问题中"人—机"（用户—数智媒介）这对互动关系的治理，这并非意味着其他治理主体和治理层次不重要，而是强调在认知沟的治理中，人—机互动关系是一个核心的切入点。

一、以"人—机"适应性为核心的治理思路

适应性是数字不平等治理的一个关键问题。要解决数字不平等，关键在于采取包容性的数字策略，特别关注那些处于社会边缘的弱势用户群体，帮助他们克服与新兴数字技术之间的适应障碍，确保技术进步的成果能够惠及更广泛的群体，让每个用户都能享受到技术发展带来的益处。落脚到认知沟问题上，我们需要意识到"认知沟"的形成是因为认知资源在数智媒介技术作用下变得可供——认知资源的获得是用户与数智媒介技术交互的结果，因此用户与数智媒介技术的交互质量会显著影响认知资源的呈现和认知沟的宽度。要想有效解决认知沟问题，我们必须将焦点放在提升用户与数智媒介技术之间的交互适应性上。

一方面，数智媒介技术需要提升对不同用户的适应性。数智媒介技术的发展必须秉持以用户为中心的思路，开发符合数字包容性的产品与服务，以增强数字技术边缘群体的适应力，确保他们能够感受到数字世界的包容与便利，实现在数字社会中的无缝融入。例如，数智媒介技术在开发认知资源时，应追求广泛的适用性。它不仅要迎合认知能力较强的专业用户，为他们提供深度和复杂性，还应考虑到认知能力处于平均水平的广大普通用户，确保他们能够轻松理解和使用。此外，特别要关注那些认知能力可能相对较弱的老年用户群体，为他们设计易于操作和理解的界面与功能，以确保他们也能享受到数字技术带来的便利和信息的丰富性。

另一方面，用户也需要提升对不同数智媒介技术的适应性。这种适应性不仅关乎数智媒介技术的操作熟练度（例如，用户能够流畅地导航复杂的媒介界面和功能），更涉及用户与数智媒介技术之间的互动质量（例如，用户能够批判性地评估信息的真实性、识别并抵御潜在的虚假新闻和误导性内容），乃至交互深度（例如，用户能够与数智媒介技术进行情感性的沟通与认同）。在人机协同的新时代劳动与认知分工中，用户特别需要培养自身的原创性脑力，包括洞察力和创造力等，如此才能适应数智媒介技术对个体认知的"外包"式重塑，实现有效的人机协同认知，进而超越个体认知能力的极限。当然，不同用户对数智媒介技术的初始适应性是不同的，一些用户的数字与智能素养较高，他们的适应性更强，而另一些用户则需要更多的支持和引导。因此，在培养适应性的过程中，应采取"因人而异"的策略。数智素养较高的用户可以选择以赢得数智媒介增强效应为方向来发展适应性，包括发展为媒介提供高质量学习资源的能力、对机器的指挥与调教能力、辨识力与判断力及想象力等。而数智素养较低的用户选择以对抗数智媒介削弱效应为方向来发展适应性，学习如何管理认知捷径与认知惰性、理解连接与反连接的重要性。

二、机器赋能与自我增能的治理策略

具体到治理战术的层面，则需要机器赋能与自我增能共同作用，数智媒介要做的是尽可能将机器的认知增益公平地赋能给广大用户，用户要做的是尽可能地实现自我增能，最大程度地抵抗机器的认知干扰、实现认知增强。

（一）数智媒介赋能，实现认知资源的规范开发和按需配置

第一，数智媒介在开发认知资源时，必须遵循规范性和标准化的原则，确保在其他条件恒定的情况下，每位用户都有可能具有公平地获取到几乎同一水平线的认知资源，实现基础认知的公平化。由此，个体能够一定程度地超越个人能力局限，在数智媒介整合的分散显性知识基础上形成相对均等、有序和标准化的认知资产。有学者把这种规范、标准的认知资源供给描述为"大众能力沟的跨越"——普罗大众能够跨越"能力沟"的障碍，有效地按照自己的意愿、想法来激活和调动海量的外部资源，形成强大、丰富的社会表达和价值创造能力。那么，什么是标准化、规范性的认知资源开发呢？智力资源标准化的研究通常都会强调三点关键要素：首先，必须实现共享式开发，确保智力资源在不同地域、不同部门间实现数据编码的统一性、整合性和交互性，从而促进数据的自由流动和广泛应用；其次，确保不同使用主体在共同的基础上进行信息的存储与使用，避免因不兼容而导致的认知误差；最后，促进智力资源信息的定制化和精准化使用，为后续的深入分析和价值挖掘打下坚实的基础。借鉴该观点，笔者提出，各类数智媒介技术在开发和提供认知资源时，至少应当达到以下几个方面的标准化和规范性：1. 认知资源向数字、数据转化的标准化；2. 认知资源数据分类与标注体系的标准化；3. 对用户访问与使用认知资源权限的标准化；4. 数智媒介技术所遵循的伦理与法律的标准化。在这一基础上，数智媒介技术能够更公正、包容地服务于广大用户，实现认知资源的最大化利用和价值的深度挖掘，以推动社会整体的认知水平和创新能力向前发展。

第二，数智媒介技术还需要根据用户的认知逻辑采取调适性策略，按需配置认知资源，尽可能弥合用户之间本身存在的"认知沟"。首先，这要求数智媒介技术以用户的认知逻辑为导向，不仅要识别和尊重用户的认知偏好，还要巧妙地填补用户认知过程中的漏洞，并顺应其认知惯性。通过这种细致入微的调适，数智媒介技术能够提供既能吸引用户兴趣又能弥补认知偏差的认知资源，进而在

用户之间架起认知的桥梁，尽可能缩小他们之间的认知差距。此外，数智媒介技术还需要理解用户的不同认知需求（Need for Cognition，NFC），意识到不同用户在信息处理过程中所愿意付出的认知努力是不同的，高认知需求者往往更愿意投入时间和精力，低认知需求者则反之。数智媒介技术应设计差异化的认知资源呈现方式，以适应不同用户的思维特性。对于思维慢的高认知需求者，数智媒介应提供丰富、深入的内容，鼓励其进行细致的思考和分析；而对于思维快的低认知需求者，数智媒介则应采用简洁、直观的表达方式，以快速吸引其注意力并促进信息的理解和记忆，由此也能够实现精准的信息传播和认知弥合。另外，数智媒介技术在提供认知资源时还必须以用户所处的认知环境为参照，例如，对不同文化环境下的用户要尽量呈现符合其认知惯性的知识和信息，避免一刀切式的泛化传播，因地制宜地实施针对性的传播策略，从而规避冲突，重建共识。

（二）用户自我增能，管理心理接入方式与提升智能认知素养

"认知沟"的产生与加深，很大程度上与新兴数智媒介技术在中间和弱势用户群中所遭遇的"技术悬浮"现象有关——用户由于接入和使用水平低下，导致数智媒介技术的功能与效用浮于表面，无法有效贴合治理实践。因此，另一种有效的治理策略就是实现这些中间和弱势用户群体的自我增能，解决他们在接入和使用环节的能力低下问题。

在接入层面，时至今日，各种数智媒介技术在物理接入方面的差别已经微乎其微，几乎每个人都拥有接触和访问这些数智媒介的机会。随着媒介形态从传统的物理媒介逐渐过渡到关系媒介、算法媒介，人们对接入的理解和评价方式也随之发生了变化，不再简单地以是否占有作为评价标准，而是更加关注关系媒介和算法媒介的接入质量，包括考察如何接入、何种层次接入等更复杂的问题。范戴克（Van Dijk）在物理接入的基础上进一步提出了心理接入（Mental Access）的概念，强调用户对技术的主观接受程度和投入程度同样是一个不可忽视的维度。从经验上看，我们会发现强势用户群体与弱势用户群体之间的心理接入程度有巨大差异，例如，强势用户群体往往对新技术持有更积极的态度，他们愿意投入时间和精力去探索和掌握这些新技术，相反弱势用户群体可能因为各种原因

（如技术恐惧、信息过载或缺乏必要的技能）而对新技术持保留或排斥的态度。此时，用户心理上如何接纳数智媒介就成为治理重点，我们应当将这些媒介仅仅视为工具，以一种功利性的态度进行表层的心理接入，还是将它们视为助手和朋友，从深层次的共情和认同出发，进行深层的心理接入？是保持一种冷静的、有限度的参与，还是追求一种心流式的、完全沉浸的体验？这些不同的心理接入方式都将产生不同的效果，也对应着不同级别的认知增强红利。弱势用户群体若想在人机交互中获得正面的增益，同时避免被技术所侵扰，关键在于学会根据具体情境和任务需求，选择恰当的心理接入策略。这不仅是一个需要用户自我管理和不断学习的过程，也是对用户适应性和灵活性的考验。

在使用层面，则更要求用户提升数字素养，尤其是智能素养和在数智时代的认知素养。数智时代，用户的媒介素养需要做出相应的升级，不仅仅包括基础的访问、分析、评估和传播的能力，更应当包括对机器的认知与利用能力，以及反抗机器禁锢、对抗机器异化的能力。尤其是，人们应在人机协同的思维模式中培养出必要的认知素养。这些素养至少应涵盖以下几个方面：1. 认知识别素养，能够区分认知资源质量，识别认知资源来源；2. 认知批判素养，不盲目接受信息，批判性地分析和评估信息，合理意识到自己的认知规律、需求和环境；3. 认知安全素养，即了解如何保护自己的认知过程和认知财产不受机器和他者侵犯；4. 认知适应素养，因场景和社会背景快速调整自己的认知模式，合理调整人机协同认知的分工。上述列举的认知素养并非人机协同时代所需的全部，本书想要强调的是，当人们的认知域不再只限于单纯的内部因素时，用户必须跟随时代的进步来学习和提升更多认知素养，这不仅是为了抵抗外部因素的干扰，更是为了假机器之力来超越自身的认知极限，实现自我赋能和成长。

·结语·

　　曾经，人类的认知在日常教化中形成，人类有能力在习以为常中从容面对迎面而来的各类事物。然而，数字技术的进步让人们必须面临快速变化的环境和始终陌生的对象，已经无力单纯依靠自身的认知能力来形成认知而不得不依靠数字智能。未来，一个不争的现实是，当数智媒介技术成为我们认知的座架，人类认知能力的发展将会出现前所未有的分化与分裂。虽然我们现在还无法断言赫拉利（Harari）所预言的无用阶层是否会成为未来社会普罗大众的真正写照，但我们必须警惕的是，有一部分人可能会因为数智媒介的赋能而成为"被遗弃者"，致使他们被边缘化的原因是更深层、更难以简单解决的认知问题。认知沟的加深，将成为未来社会不平等的一个更深层次的议题。

后记
你的认知版图就是你的人生疆界

今天，我们站在一个历史性的转折点上。当大模型能瞬间生成论文、解答难题，当 AI 医生诊断癌症的准确率超过 98%，当算法可以替代 80% 的标准化工作——这些技术奇迹正在重塑我们的世界。但今天我想问大家一个问题：当机器几乎无所不能时，人类靠什么赢得未来？答案或许藏在敦煌莫高窟的壁画修复中，藏在《红楼梦》字里行间的千年共鸣里，更藏在每个人与 AI 共舞的认知革命中。

一、认知力：智能时代的"元技能"

1. 从"知识容器"到"认知架构师"

过去，我们崇拜"知识渊博"的人，但今天，AI 的数据库已容纳人类千年文明的精华。大模型时代的巨变在提醒着我们：答题是考试能力，提问才是探索未知的起点。认知力的本质，是构建知识地图的能力。就像导航软件能告诉你路线，但只有旅行家能发现隐藏的秘境。认知力强的人，能将碎片信息编织成认知网络，从"知道什么"升级为"知道如何连接"。

2. 认知四要素：人机协作的底层逻辑

李德毅院士提出的"认知四要素说"揭示了人类智慧的独特性：物质（数据）、能量（算力）、结构（算法）、时间（演化）。AI 擅长前三者，而人类独有的，是在时间维度中迭代认知的能力。例如，面对全球气候危机，AI 可以分析数据，但只有具备系统认知力的人类，才能在生态、经济、伦理的交织中找到平衡点。

二、认知版图的三大维度

1. 深度认知：穿透表象的"思维显微镜"

认知神经科学研究发现，人类大脑存在"双系统"：快思考（直觉）与慢思考（理性）。AI 的"直觉"远超人类，但它的"理性"永远困在算法框架中。真正的认知力，是用批判性思维打破信息茧房。

2. 系统认知：驾驭复杂性的"战略沙盘"

波音 737MAX 空难暴露的不仅是技术缺陷，更是工程师在"安全"与"成本"间的伦理抉择。这种模糊决策力，正是人类区别于 AI 的核心能力。认知版图的广度，取决于能否在数据洪流中识别关键变量，构建多维度的决策模型。

3. 元认知：跳出系统的"认知跃迁"

李德毅院士强调："机器的学习是曲线，人类的顿悟是突变。"就像贝多芬失聪后创作《第九交响曲》，他的认知跃迁源于对生命本质的追问，而非音符的排列组合。元认知力，是对思考过程的再思考，是突破认知边界的"元代码"。

三、锻造认知力的四大实践法则

法则一：从"被动接受"到"主动解构"

有研究者指出："AI 时代的学习，要从记忆知识升级为锻造'心灵代码'。"比如学习历史时，与其背诵年代，不如追问："如果商鞅变法失败，中国会走向何方？"这种假设性思考，能激活大脑的"认知弹性"。

法则二：跨界融合的"认知混搭"

AlphaFold 破解蛋白质结构用了 50 年，而 DeepMind 用算法仅用数日。但若想用这项技术设计抗癌药物，需要生物学、化学、商业模式的跨界融合。因此，系统认知力，是看见数据背后万家灯火的能力。

法则三：情感共鸣的"认知温度"

AI可以写出工整的诗，但写不出"安得广厦千万间"的忧思；它可以诊断疾病，却无法握住颤抖的双手。共情创造力，是人类最后的堡垒。在共生课堂上，我们通过角色扮演理解他人，这种训练能强化大脑的"镜像神经元"，提升情感认知。

法则四：终身进化的"认知生态"

神经可塑性研究表明，持续学习能重塑大脑结构。建议每天保留"纯思考时间"——关闭手机，用纸笔记录灵感。就像蛇蜕皮成长，我们也要定期"认知断舍离"，淘汰过时思维，培育新认知神经元。

在结束这本书的时候，我们有必要强调：人的认知版图决定人生的疆域。在这个算法主导的时代，比焦虑更可怕的，是认知的停滞。当我们惊叹AI的"智能"时，更要看见——人类的智慧，永远闪耀着人性的光芒。从今天起，让我们做这样的"认知探险家"：用批判性思维撕开信息伪装、用系统思维驾驭复杂世界、用共情力守护人性温度、用元认知力突破认知边界。因为最终决定我们是谁的，不是AI能做什么，而是我们选择成为怎样的思考者、创造者与合作者。

本书虽然是个人署名的著作，但实际上是我所领导的学术团队集体智慧的结晶，书中许多思想性的成果都是团队成员殚精竭虑的努力和贡献。在这里我要特别感谢我的多年合作者杨雅副教授和院长助理修利超，他们担任北京师范大学认知神经科学与传播创新实验室副主任，为实验室的工作展开和科研管理做出了卓越努力；感谢曲慧副教授；感谢我的博士研究生郭婧一、刘彧晗、颜世健、苏芳、苏健威、滕文强、李钒、武迪；感谢北京师范大学新闻传播学院的博士研究生郅慧，硕士研究生赵文娜、谢乔杉等同学。他们对于本书的内容都在不同程度上做出了贡献。

喻国明

2025年4月2日谨记

扫码关注企微号，回复166999，获取本书参考文献！

以下是关于"认知力"的几条经典语录，涵盖认知的本质、思维误区、学习与成长等多个维度。

"知人者智，自知者明。"——老子

自我认知是认知力的基石，只有先了解自身，才能客观洞察外部世界。

"知之为知之，不知为不知，是知也。"——孔子

认知必须秉持实事求是的态度。

"我思故我在。"——笛卡儿

这里的"思"就是认知，认知状态就是人的生存状态。

"人最大的监狱是思维意识。"——叔本华

我们每个人都活在一个圈里，这个圈就是人的思维和认知。人这一辈子，都在为自己的认知买单。

"不能听命于自己者，就要受命于他人。"——尼采

认知力决定一个人的自主性，缺乏独立思考能力的人易受外界影响。

"很多人觉得他们在思考，而实际上，他们只是在重新整理自己的偏见。"——詹姆斯（美国心理学之父）

批判性思维是认知力的关键，可以据此避免陷入"确认偏误"。

"最重要的是，我们必须学会如何思考，而不是仅仅学会拥有知识。"——爱因斯坦

认知力的核心是思维方式，而非单纯的知识积累。

升维即生存

ISBN 978-7-115-66999-5

9 787115 669995 >

分类建议：励志／畅销
人民邮电出版社网址：www.ptpress.com.cn

定价：59.80元